I0149985

GUIDE D'ÉTUDE

— L'ÉVANGILE DE —
MARC

RYERSON TURNBULL

ÉDITIONS IMPACT

230 rue Lupien,
Trois-Rivières (Québec)
Canada G8T 6W4

ISBN : 978-2-89082-007-4

Dépôt légal – 3ᵉ trimestre 1998
Bibliothèque et Archives nationales du Québec
Bibliothèque et Archives Canada

Première leçon
1.1-11

Introduction
Jean prépare la venue de Jésus

Six mois à consacrer à l'étude de l'Évangile de Marc [1], au point de désirer lire cet Évangile d'une seule traite avant d'aborder l'étude de la première leçon ? « Imaginez le tout, puis exécutez chaque partie. » [2]. C'est la meilleure méthode que je connaisse pour l'étude de la Bible. Faites-en l'application à l'étude de Marc, puis, une fois terminée votre lecture d'ensemble, inscrivez sur votre carnet la réponse à cette question : « Qu'est-ce qui m'a produit le plus d'impression dans cet Évangile ? » Faites cette expérience, et vous verrez s'approfondir l'intérêt provoqué par notre cours.

J'ai bien l'intention, pour ma part, d'aider à votre étude autant que je le pourrai, mais je suis sûr que, dans ce travail, votre part personnelle sera très grande. J'ai tout à fait à cœur qu'il en soit ainsi.

---

1. Ce volume est une traduction des notes publiées par le docteur Turnbull dans les colonnes du *Christian Observer*, de Louisville (États-Unis).
2. *Étude personnelle du Livre de la Genèse*, p. 19.

Étude personnelle

Connaissances actuelles

Que savez-vous déjà de l'Évangile de Marc en lui-même ? Sauriez-vous le comparer avec ceux de Matthieu, Luc et Jean ? Pouvez-vous donner, d'ores et déjà, deux faits caractéristiques de ce qui distingue le second Évangile des autres ? Quels sont, à votre avis, les chapitres les plus remarquables ? Quel est, selon vous, le sujet central ? Pourquoi est-il de toute importance d'étudier cet Évangile avec beaucoup de soin ?

Que vous suggèrent ces questions ? Provoqueront-elles chez vous le désir d'entreprendre une étude personnelle ? Voici, en passant, ce que dit un pasteur connu : « L'Évangile selon saint Marc a été qualifié du plus négligé parmi les Évangiles. » N'y a-t-il pas là de quoi vous stimuler dans votre travail ?

Pour cette semaine

Êtes-vous arrivé à lire notre Évangile tout d'une traite ? Vous êtes extrêmement occupé, je le sais, et c'est vous demander là un très réel sacrifice. Un moniteur m'écrivait que, dès le moment où il avait adopté cette méthode, il employait à son étude de la Bible huit heures par semaine. Mais, si vous n'avez pas le temps de suivre mon conseil, voici quelques suggestions :

1. Allusions à Jean, surnommé Marc : Ac 12.12,25 ; 13.5,13 ; 15.36-39 ; Col 4.10 ; 1 Pi 5.13 ; Mc 14.51,52 ; Ph 24 ; 2 Ti 4.11.
2. Lisez Marc 4.35 à 6.6.
3. Manifestations spéciales de la puissance de Jésus : Mc 1.7,27,31 ; 2.10,12,28 ; 3.9-11 ; 4.41 ; 6.7,41, 51,56 ; 7.37 ; 9.23 ; 10.52 ; 11.15-18 ; 12.36 ; 13.26 ; 14.62 ; 16.6,19,20.

Marc 1.1.13

Et maintenant, nous voici prêts à commencer notre étude de Marc 1.1-13. Voudriez-vous relire plusieurs fois ces versets et répondre par écrit aux questions suivantes :

1. Quelle est la relation entre ces treize versets et l'Évangile dans son ensemble ?
2. Quel est, par excellence, le message de Jean-Baptiste ? Pourquoi s'imposait-il à cette époque-là ?
3. Vous êtes-vous familiarisé avec le récit de la mission de Jean-Baptiste tel qu'il a été rapporté par Matthieu, Luc et Jean ?
4. Quelle est, selon vous, l'influence exercée par le baptême de Jésus sur l'ensemble de son ministère ? Insistez sur ce point.
5. Réfléchissez à la tentation dans ses rapports avec le ministère de Jésus.

De l'étude de ces passages, vous avez conclu à une *préparation* du ministère de Jésus. Marc ne fait pas allusion aux faits rapportés par les chapitres 1 et 2 de Matthieu et par les chapitres 1 et 2 de Luc, mais il insiste néanmoins sur l'immense importance de la préparation du grand œuvre de Jésus. Voici les trois épisodes de cette préparation :

1. Ministère de Jean-Baptiste (versets 1-8).
2. Baptême de Jésus (versets 9-11).
3. Tentation de Jésus (versets 12,13).

Jean-Baptiste

Considérez le message de Jean contenu dans les versets 1-3. Vous y verrez deux choses :

1. La mission de Jean marquait le commencement de la mission de Jésus. Pour apprécier l'importance de ce fait, lisez Mt 3.1-12 ; Lu 1.5-25,39-80 ;

Jn 1.6-8,19-34). Est-il extraordinaire que tous les Évangiles soulignent le ministère de Jean-Baptiste comme étant à l'origine de l'œuvre de Jésus ?
2. Les versets 2 et 3. Ésaïe a prophétisé la mission de Jean-Baptiste (voyez Lu 3.3-6). Quelle n'est pas alors l'importance de ce ministère ?

Quel est maintenant le message par excellence transmis par Jean Lisez les versets 4,5 : « *repentance, pour la rémission des péchés.* » Pour en apprécier davantage toute l'importance, relisez très consciencieusement Lu 3.1-20, en vous attardant sur les versets 1-3,7-9,10-14,19,20. Or, son rôle était de préparer le peuple en vue de la mission de Jésus en provoquant la confession personnelle des péchés. Voici l'énumération des classes sociales appelées à cette conviction de péché :
1. Les multitudes (Lu 3.7).
2. Les pharisiens et les sadducéens (Mt 3.7).
3. Les publicains (Lu 3.12).
4. Les soldats (Lu 3.14).
5. Hérode le tétrarque (Lu 3.18-20).

Et quelle était, par excellence, la mission de Jésus ? « Et tu lui donneras le nom de *Jésus* ; c'est lui qui *sauvera son peuple de ses péchés* » (Mt 1.21). Vous apercevez donc la relation étroite qui existait entre Jean-Baptiste et Jésus et le caractère essentiel de sa préparation au ministère du Sauveur. Vous le voyez dans Marc 1.6-8, puis dans Jean 1.29, où, présentant Jésus à la multitude, il s'écrie : « Voici l'agneau de Dieu, qui ôte le péché du monde. »

Le baptême de Jésus par Jean

« Jean parut, baptisant dans le désert, et prêchant le baptême de repentance, pour la rémission des péchés » (verset 4).

Vous voyez là la relation étroite qui existe entre le baptême et la repentance. Le baptême accompagne tout naturellement la repentance en tant que signe extérieur de la purification intérieure du péché : « Je répandrai sur vous une eau pure, et vous serez purifiés ; je vous purifierai de toutes vos souillures et de toutes vos idoles » (Éz 36.25).

Mais pourquoi Jean baptisa-t-il Jésus ? Ce baptême ne devait-il pas avoir la même signification ? Et pourtant Jésus n'avait commis aucun péché dont Il dût se repentir, puisqu'Il était « saint, innocent, sans tache, séparé des pécheurs... » (Hé 7.26).

Considérez le contraste entre les versets 5 et 9 : « Confessant leurs péchés, ils se faisaient baptiser par lui dans le fleuve du Jourdain. » ; « Jésus vint de Nazareth, en Galilée, et il fut baptisé par Jean dans le Jourdain. » Ici, aucune mention de péchés. Si Jésus s'est fait baptiser, c'est pour les péchés du monde. En cela, « il a été mis au nombre des malfaiteurs » (És 53.12), Il s'est identifié avec les pécheurs qu'Il était venu sauver. Au lieu d'administrer le sacrement du baptême, Il s'est mis de Lui-même au rang des publicains et des pécheurs pour se soumettre comme eux au baptême de Jean. L'ombre des péchés du monde Le couvrait. Ainsi, le baptême de Jésus consistait à accepter sa mission rédemptrice, à prendre sur Lui les péchés du monde, et à fouler pour la première fois le sentier conduisant à la Croix.

Conséquences du baptême de Jésus

Luc 3.21 nous dit : « Jésus fut aussi baptisé ; et, *pendant qu'il priait...* » À peine avait-Il accepté la mission divine de devenir le Sauveur du monde qu'Il *pria.* Or, la prière est une confession de ce dont notre âme a besoin. Jésus voyait devant Lui le chemin escarpé et rocailleux conduisant à la Croix. Il Lui fallait la force de le parcourir, la force

Étude personnelle

d'accomplir sa mission. C'est pour cela qu'Il priait. Comment cette prière fut-elle exaucée ?

1. « Au moment où il sortait de l'eau, il vit les cieux s'ouvrir, et l'Esprit descendre sur lui comme une colombe. » Le Saint-Esprit Lui donnait l'onction en vue du service. Lisez Lu 4.18 ; Ac 10.38. Jésus devenait l'Homme revêtu de la puissance de l'Esprit, dépendant de l'Esprit dans la même mesure que les apôtres après la Pentecôte. Qu'est-ce que la puissance du Saint-Esprit Lui accordait de faire ?

a) Il était conduit dans tous ses mouvements par le Saint-Esprit (Lu 4.1).

b) Il vainquit la tentation par la puissance de l'Esprit (Lu 4.2).

c) Il enseignait par la puissance de l'Esprit (Lu 4.18,21 ; Jn 3.34 ; És 11.2).

d) Il accomplissait des miracles par la puissance de l'Esprit (Mt 12.28).

e) Il ressuscita par la puissance de l'Esprit (Ro 8.11).

f) Il donna ses ordres à ses disciples par la puissance de l'Esprit (Ac 1.2).

Or, si Notre-Seigneur Jésus-Christ, le seul homme sans péché, était sous la complète dépendance du Saint-Esprit pour l'accomplissement de son œuvre, à combien plus forte raison devons-nous l'être nous-mêmes ? (Za 4.6).

2. « Et une voix fit entendre des cieux ces paroles : Tu es mon fils bien-aimé, en toi j'ai mis toute mon affection. » Le Saint-Esprit Lui communiquait la puissance, la manifestation renouvelée de l'amour du Père y mettait un sceau. Représentez-vous encore les difficultés et les souffrances que devait impliquer l'accomplissement de la mission de Jésus et combien il était naturel à son humanité de chercher à les éviter. Pour vous rendre compte de la place tenue, pendant tout le cours de son ministère, par le sentiment constant

8

de l'amour de son Père, lisez Mc 9.7 ; Jn 8.16,29 ; 16.32 ; 17.23-25 ; 18:11.

Fortifié par le Saint-Esprit et animé du sentiment profond de l'amour de son Père, Jésus parcourut dans toute sa longueur le chemin escarpé, rude, raboteux, jusqu'au jour où, sur le calvaire, Il s'écria : « Tout est accompli. » (Jn 19.30).

Application

Insistez sur les difficultés auxquelles Jésus fit face quand Il eut accepté sa mission divine de Sauveur du monde, puis sur le rôle du Saint-Esprit dans l'accomplissement de cette tâche.

Deuxième leçon

(1.12,13)

Jésus commence son ministère

« Le plus concis, le plus vivant, le plus énergique des Évangiles... Jésus, le Fils de Dieu, opérant des merveilles. Prompt et incisif, le récit va droit au but, tel un soldat romain en marche vers la bataille. Récit plein de charme et de coloris... » « Cet Évangile, bien que le plus court, est l'un des plus grands livres de l'univers. »

Telles sont les brèves appréciations de deux hommes célèbres dans l'étude de la Bible, F.W. Farrar et James Moffatt. Il vous sera donné de vérifier leur exactitude au cours de votre étude de Marc.

L'auteur

« Jean Marc [1] écrivit ce témoignage, vivant dans sa réalité, rendu à la puissance du Christ, vers l'an 61, à Rome, probablement à la demande pressante de Paul, de Pierre et de l'Église. Irénée nous informe que « Matthieu fit paraître par écrit un Évangile à l'usage des Hébreux et dans leur langue, tandis que Pierre et Paul prêchaient l'Évangile à Rome et y fondaient l'Église. Mais, après leur départ, Marc, disciple et

---

1. Voir les versets indiqués, p. 4.

interprète de Pierre, nous transmit également par écrit ce que Pierre lui avait annoncé... » [1]. Parlant de la prédication de Pierre à Rome, Eusèbe déclare ce qui suit : « Mais la lumière de la piété jetait un tel éclat sur l'esprit des auditeurs de Pierre, qu'il ne leur était pas suffisant d'écouter une seule fois. Ils ne se contentaient pas non plus d'entendre un exposé oral de cette prédication divine, de sorte qu'ils importunèrent Marc, celui dont nous avons l'Évangile, un compagnon de Pierre, jusqu'à ce qu'il leur eût laissé par écrit un mémorial de ce qui leur avait été enseigné de vive voix. Ils n'eurent de cesse qu'ils ne l'eussent obtenu de cette personne, et c'est ainsi qu'ils furent la cause de la mise par écrit de ce qu'on appelle l'Évangile selon Marc »[2] [3].

Regard en arrière

Qu'avez-vous retiré de votre précédente étude ? Si vous avez été trop occupé, j'ai peur que vous n'ayez pas eu le temps de lire l'Évangile dans son entier, mais vous avez pu tenir compte de mes trois suggestions. Maintenant, il pourrait vous être utile de connaître le sujet central.

Thème

« La *toute-puissance* de Dieu mise à la portée des hommes par le *service de Jésus-Christ en personne* » et plus brièvement : « *Le puissant Serviteur du Seigneur.* »

Employez un certain temps à méditer sur ces deux affirmations. En quoi sont-elles d'accord avec vos connaissances actuelles de l'Évangile de Marc ?

Le début de cette leçon établissait une relation étroite entre Jean-Marc et l'apôtre Pierre. Comparez maintenant

---

1. Eusèbe, *Histoire ecclésiastique*, livre V, chap. 8.
2. Eusèbe, *ouvr. cit.*, livre II, chap. 15.
3. L'ensemble de la citation est dû au Dr Eugène Caldwell.

notre double thème avec les paroles mêmes de Pierre dans Actes 2.22 ; 3.13,26 ; 10.38. Voici donc les trois divisions principales :
  1. La préparation du puissant Serviteur (1.1-13).
  2. Le ministère du puissant Serviteur (1.14 à 8.30).
  3. Le sacrifice du puissant Serviteur (8.31 à 16.20).
Mettez-vous clairement dans l'esprit ces trois divisions en vous référant aux passages indiqués. N'oubliez pas que la *toute-puissance* est inséparable de la personne du *puissant Serviteur* [1].

Pourquoi la tentation

« Aussitôt, l'Esprit poussa Jésus dans le désert, où il passa quarante jours, tenté par Satan. Il était avec les bêtes sauvages, et les anges le servaient.» Marc mentionne très brièvement la tentation de Jésus, mais c'est un fait tellement important qu'il est nécessaire de s'y arrêter.

Pourquoi Jésus fut-Il tenté ? En partant de son point de vue, c'était pour donner une preuve de son humanité. Tout être humain est destiné à être tenté. Donc, si Jésus n'avait pas été tenté, Il aurait montré qu'Il n'était pas véritablement homme. Ne croyez pas que les tentations auxquelles Il fit face dans le désert aient été les seules durant sa vie. Luc nous dit : « Après l'avoir tenté de toutes ces manières, le diable s'éloigna de lui *jusqu'à un moment favorable* » (Lu 4.13). Au moment même de se rendre à Gethsémané, Jésus dit à ses disciples : « Vous, vous êtes ceux qui avez persévéré avec moi dans mes épreuves... » (Lu 22.28).

Une autre raison, toujours du point de vue de Jésus, c'était qu'Il fût prêt à sympathiser avec les hommes, ses frères. Lisez dans Hébreux 4.15 à quel point l'expérience que Jésus avait des tentations nous Le rend vivant !

---

1. voir p. 171, l'analyse de l'Évangile.

Le but de Satan

Considérez maintenant le point de vue de Satan. Pourquoi tenta-t-il Jésus ? Pour le comprendre, nous aurons à considérer *l'époque* de cette tentation. Marc nous dit : « *Aussitôt*, l'Esprit poussa Jésus dans le désert, où il passa quarante jours, tenté par Satan. » Matthieu (4.1), Marc et Luc (4.1) soulignent tous trois le fait que la tentation de Jésus eut lieu tout de suite après son baptême, au moment où Il venait d'accepter la mission de sauver le monde par le moyen de son propre sacrifice. Or, Satan se mettait à L'attaquer au moyen de ces tentations à peine avait-Il commencé à fouler délibérément le sentier aboutissant à la Croix. Les Juifs, au contraire, attendaient un Messie qui accomplirait d'éblouissants miracles puis établirait un empire universel ayant Jérusalem pour centre et pour capitale.

Ainsi ces tentations avaient pour but de détourner Jésus de la croix en vue d'une royauté terrestre et Satan, au seuil même du ministère de Jésus, avait mobilisé ses forces mondiales avec cet objectif unique : empêcher Jésus d'aller jusqu'à la croix en Le détournant de la mission que Dieu Lui avait confiée et qu'Il avait Lui-même acceptée.

Certes, Satan ne découvrait pas ses plans, car « le serpent était le plus rusé de tous les animaux des champs... » (Ge 3.1), mais il cherchait à séduire Jésus. À la surface, ses tentations semblaient inoffensives, mais Jésus avait la sagesse Lui permettant d'apercevoir, par-dessous, quels étaient les vrais desseins de l'adversaire.

Étude capitale

Comme notre étude des tentations de Jésus dépasse le texte de Marc, voudriez-vous étudier avec soin Matthieu 4.1-11 ? Considérez séparément chacune de ces tentations.

de l'Évangile selon saint Marc

Regardez d'abord à la surface, puis pénétrez plus profondément pour apercevoir les vrais desseins de Satan. Faites-le en dépit du fait que ce récit vous est familier. Vous cherchez le message, le but secret de chacune de ces tentations. Laissez de côté ce volume, ne gardant que votre Bible et votre carnet ; attachez-vous à cette tâche jusqu'à ce que vous ayez étudié consciencieusement, et avec prières, la signification de chaque tentation en particulier.

Première tentation

1. *Entrée en matière.* – « Si tu es Fils de Dieu... » Approfondissons la question de Satan. En es-tu bien sûr ? Est-ce que ce Jean-Baptiste, cet homme sauvage et fanatique, ne se serait pas trompé ? La voix du ciel et la colombe ne seraient-elles pas le résultat d'une hallucination ? Eh bien, si tu es le Fils de Dieu prouve-le !

2. *Tentation de surface.* – Jésus souffrait de la faim. Quel péché y aurait-il eu à l'apaiser ? La faim n'est-elle pas un désir venant du corps, mais normal, naturel et exempt de péché ?

3. *Tentation cachée.* – Jésus avait le pouvoir de changer les pierres en pains. Il devait un jour changer l'eau en vin. Il devait nourrir cinq mille hommes avec cinq pains et deux poissons. Mais dans quel but ce pouvoir Lui avait-il été accordé ? En vue d'un but égoïste ? Non certes, mais *pour les autres* et en vue d'accomplir la mission que Dieu Lui avait confiée. Énumérez les miracles de Jésus, et vous n'en verrez pas un seul accompli pour aboutir à ses fins personnelles

4. *Conséquences lointaines.* – Quel était le grand but égoïste pour lequel Satan induisait Jésus en tentation d'user de sa puissance ? N'était-ce pas en vue d'établir un royaume terrestre ?

Seconde tentation

1. *Entrée en matière.* – Jésus avait écarté la première tentation, en proclamant la foi qu'Il avait en son Père. Satan se mit alors à l'attaquer sur son propre terrain en Lui disant de manifester cette foi. Il n'avait qu'à se laisser tomber au milieu de la foule des prêtres et des adorateurs. Ce serait une preuve de sa confiance et le signe suprême de sa messianité, « car il est écrit : Il donnera des ordres à ses anges à ton sujet ; et ils te porteront sur les mains, de peur que ton pied ne heurte contre une pierre. »

Pensez à ce qu'aurait été l'effet produit ? Quelle démonstration évidente de la puissance surnaturelle de Jésus !

2. *Signification de cette tentation.* – Jésus la montrait du doigt en répondant : « Tu ne tenteras point le Seigneur, ton Dieu. » Agir ainsi aurait consisté à mettre Dieu à l'épreuve pour voir si vraiment Il était prêt à accomplir ses promesses. Cela aurait été l'expression d'un doute. Met-on jamais à l'épreuve quelqu'un en qui l'on a une absolue confiance ? Or, il s'agissait précisément de mettre en doute la protection du Père et cela aurait entraîné une désobéissance, attendu que le doute y conduit toujours. Comparez l'entrée en matière de Satan avec Ève : « Dieu a-t-il réellement dit... » (Ge 3.1), cela consistait à répandre une semence de doute dans l'esprit de la femme et la conduisit à désobéir.

La confiance absolue que Jésus avait en son Père était à l'origine de son obéissance parfaite à sa volonté. L'expression de cette volonté, c'était la Croix. À Gethsémané, Il s'écria : « Non pas ce que je veux, mais ce que tu veux » (Mc 14.36), puis, pour exprimer sa parfaite confiance : « Ne boirai-je pas la coupe que le Père m'a donnée à boire ? (Jn 18.11). Ainsi donc, le fait d'avoir provoqué le doute de Jésus aurait entraîné sa désobéissance à la volonté de son Père.

Troisième tentation

1. *Entrée en matière*. – Satan montra à Jésus tous les royaumes du monde, non seulement ceux qui existaient alors, mais ceux de toutes les générations subséquentes, et Satan dit : « Je te donnerai toutes ces choses... ». Qu'est-ce que cela voulait dire ? Si Jésus consentait à adopter l'opinion courante concernant le Messie et à établir un royaume terrestre, c'est alors qu'Il exercerait son pouvoir sur toutes les nations de l'univers.

2. *Sens profond*. – Lisez Psaume 2.7-9. Vous verrez là que Dieu avait bien promis tous les royaumes de la terre à son Fils, mais Il devait acquérir cette royauté au prix de ses souffrances et de sa mort. Notez avec soin les passages suivants : Hé 2.9 ; Ph 2.5-11 (en insistant sur le « c'est pourquoi » du verset 9) ; Ap 5.9,10. Or Satan promettait cette royauté *sans la croix*, mais le fait de céder à Satan voulait dire ceci : tandis que Jésus aurait été le souverain de ce royaume terrestre, *Satan aurait régné sur ce trône qu'est le cœur de l'homme*. Telle était la raison pour laquelle Satan faisait tout son possible afin de détourner Jésus de la croix. Satan savait que la croix entraînerait sa défaite complète. Réfléchissez avec soin au sens d'Hébreux 2.14,15.

Conclusion

Jésus revint du désert après que le plan de son ministère et le but de sa vie eussent été mis au creuset de l'épreuve. Rien ne pouvait plus L'en détourner et Il ne s'en écarta jamais. Ses disciples essayèrent de Le faire dévier (Mt 16.21,22), mais n'y réussirent pas ; la multitude chercha à l'entraîner (Jn 6.15), mais en vain ; Satan essayait toujours de Le faire changer de route, peine inutile. Jésus fit face avec constance à son objectif qui était Jérusalem, Il y alla et accomplit jusqu'au bout la volonté de son Père, jusqu'au moment, où, sur la croix, Il s'écria : « Tout est accompli » (Jn 19.30).

Application

Quand vous serez en face de la tentation, êtes-vous prêt :
1. À vous rappeler Hébreux 4.15,16 ?
2. À faire usage de l'« épée de l'Esprit » (Lu 4.1,2 ; Ép 6.17) ?

Troisième leçon
(1.14-45)

Jésus accomplit son œuvre

« L'Évangile de Marc est l'Évangile des jeunes ; il est bref, plein de vie, plein de force, il est vibrant, et ces qualités ne font qu'adapter le récit à la mentalité de notre monde moderne, active, inquiète, énergique.

« Il nous représente Notre-Seigneur comme le Fils de Dieu, puissant, opérant des miracles. C'est ainsi qu'il contient un message pour notre époque, laquelle réclame une parole pleine d'autorité divine, aussi bien qu'une nouvelle vision de la puissance rédemptrice du Christ, puissance actuelle et sans limites.

« C'est l'histoire de Quelqu'un qui sert... et elle nous montre le Serviteur de Dieu, « venu, non pour être servi, mais pour servir et donner sa vie pour la rançon de plusieurs »[1].

Nous sommes prêts maintenant à étudier la leçon de cette semaine, 1.14-45. Ces passages vous sont déjà familiers, mais que cela ne vous décourage pas de les étudier à nouveau. Auparavant, vous reviendrez à ce qui sert de thème à l'Évangile et vous verrez si cela ne vous facilitera pas votre

---

1. Ch.-R. Erdman, *Évangile de Marc.*

19

nouvelle tâche. Que nous apprennent ces versets sur la puissance sans limites du puissant Serviteur ? Inscrivez sur votre carnet ce que vous auront suggéré vos lectures répétées et sachez que vous ne serez pas prêt pour ce qui suit avant d'avoir agi ainsi.

« Le temps est accompli »

Après que Jean eût été livré, Jésus alla dans la Galilée, prêchant l'Évangile de Dieu. Il disait : *Le temps est accompli*, et le royaume de Dieu est proche. Repentez-vous, et croyez à la bonne nouvelle.» Telle est la manière dont Marc introduit le ministère actif de Jésus. Or la première parole de Jésus était la suivante : « Le temps est accompli... » Pour avoir la signification de ces paroles, lisez ce qu'écrivait saint Paul : « Mais, lorsque les temps ont été accomplis, Dieu a envoyé son Fils... » (Ga 4.4). Dieu préparait la venue du Christ depuis la chute d'Adam et d'Ève (Ge 3.15), soit une période de quatre mille ans, et au moment précis, Il envoya son Fils. Ainsi l'Ancien Testament tout entier sert de préparation à la venue de Jésus-Christ. Ôtez sa Personne de l'Ancien Testament et celui-ci est réduit à néant. Chacun des livres qui le compose a son rôle à jouer dans la préparation de la venue du Christ et chacun de ces livres nous rapproche de la réalité de sa venue. À cause de cela, l'on peut dire que l'Ancien Testament suit un mouvement progressif, en ce sens que la lumière qu'il jette sur le Christ devient de plus en plus brillante jusqu'au jour où, avec le Nouveau Testament, la gloire du Fils éclate dans toute sa splendeur.

Jésus s'est écrié : « Le temps-est accompli... » après que Jean-Baptiste eut terminé son ministère. Jean, en sa qualité de dernier prophète de l'ancienne alliance (Mt 11.7-11), avait joué un rôle très caractéristique dans la préparation du monde en vue du ministère de Jésus, c'est pourquoi

Jésus commence son œuvre au moment précis où finissait la tâche du précurseur. Vous voyez ainsi qu'aucune de nos leçons ne doit être étudiée isolément, mais en relation avec le plan divin dans toute son étendue, depuis la Genèse jusqu'à l'Apocalypse.

L'appel des disciples

Quelle manifestation de la puissance de Jésus avez-vous découverte dans l'appel des quatre premiers disciples (versets 16-20) ? Vous apercevrez cette puissance qui domine la volonté et le cœur des hommes. Elle se manifeste ainsi :
1. « *Aussitôt*, ils laissèrent leurs filets, et le suivirent.» Il en fut de même pour Jacques et Jean (verset 20). Un ordre aussi catégorique devait entraîner l'obéissance immédiate. Insistez sur ce que devait impliquer le commandement de Jésus dominant de toute sa puissance la volonté humaine.
2. La puissance qui s'exerçait sur le cœur des hommes est visible dans les effets de leur communion avec Christ suivie du don du Saint-Esprit le jour de la Pentecôte. Le livre des Actes est la manifestation vivante de ce fait.
3. Le rôle de cette puissance était d'en faire profiter les disciples : « Suivez-moi, et je vous ferai *pêcheurs d'hommes.* » Cela s'est-il accompli ? « En ce jour-là, le nombre des disciples s'augmenta d'environ trois mille âmes. » (Ac 2.41). Telle fut la première pêche que Pierre et Jean firent, en un seul jour, comme conséquence de leur communion intime avec Jésus pendant trois ans. Cela fut accompli le jour de la Pentecôte en raison de la promesse répétée d'envoyer le Saint-Esprit.

Le démon chassé

Qu'apercevez-vous dans les versets 21,22, touchant la toute-puissance du puissant Serviteur ? En voici deux des manifestations les plus frappantes :

Étude personnelle

1. *Puissance de l'enseignement de Jésus.* Relisez ces versets avec ce fait présent à la mémoire, et spécialement les versets 21,22,27. Réfléchissez à l'impression produite sur le peuple par l'enseignement de Jésus. Ils en étaient « frappés ». Ils en reconnaissaient l'autorité. Ils y voyaient un enseignement *nouveau.* Ce même enseignement effrayait et réveillait l'homme « qui avait un esprit impur ». Imaginez la *puissance* d'un tel enseignement. Rappelez-vous le rôle prédominant de l'enseignement de Jésus au cours de son ministère et considérez les exemples suivants dans un seul chapitre de Luc (4.4,8,12,15,17-22,31,32,43). Quelle n'est pas l'importance de votre rôle, à vous qui enseignez la Bible !

2. *Puissance de Jésus sur Satan.* Réfléchissez au pouvoir complet que ce démon exerçait sur cet homme. Considérez ensuite la puissance de Jésus s'exerçant sur le démon :

a) L'esprit impur ne pouvait garder le silence en la présence de Jésus.

b) Il reconnaissait l'autorité de Jésus.

c) Il obéissait immédiatement à l'ordre de Jésus.

d) Ceci s'appliquait « *même* aux esprits impurs ».

Employez un temps suffisant à l'examen de chacun de ces points et à la constatation de la toute-puissance s'exerçant au cours de tout cet incident.

Guérison de la belle-mère de Pierre

Vous voyez ici la toute-puissance de Jésus s'exercer dans un cas de simple maladie. D'autres médecins avaient peut-être été incapables de rendre force et santé à la belle-mère de Pierre. En tout cas, nous pouvons constater les faits suivants :

1. La promptitude de la guérison.
2. La perfection de la guérison. Elle leva et « les servit ».

Insistez sur les résultats de l'après-midi passée par Jésus dans cette maison : le miracle, la joie, l'influence exercée, les bénédictions reçues.

Nombreuses guérisons au coucher du soleil

Quel privilège n'était pas pour le foyer de Pierre cette puissance s'exerçant sur toutes espèces de maladies ! Pensez à l'impression produite dans tout Capernaüm par le ministère de Jésus dans la synagogue. Nul doute aussi que la nouvelle de la guérison de la belle-mère de Pierre se soit répandue à travers toute la ville. Réfléchissez à ceci :
1. Puissance de guérir *toutes* les maladies.
2. Puissance de guérir *beaucoup* de gens à la fois.
3. Puissance d'amour qui inspirait Jésus.

La prière de Jésus

Relisez plusieurs fois le verset 35. Que pensez-vous de cette prière commencée « vers le matin, pendant qu'il faisait encore très sombre » ? Quelle ne devait pas être la fatigue physique éprouvée par Jésus après la tension du jour précédent. Comme Il aurait eu besoin de repos et de sommeil ! Cependant, Il se leva avant le jour « et sortit pour aller dans un lieu désert, où il pria ».

Qu'en pensez-vous ? Cela ne prouve-t-il pas que la prière était la *source* de la puissance de Jésus et qu'Il puisait à cette source une force renouvelée pour continuer l'exercice de son ministère ?

Pour insister sur l'importance de la prière de Jésus, voici quelques passages ayant trait à cette prière au cours de son ministère : Lu 3.21 ; Mc 1.35 ; Lu 5.16 ; 6.12 ; Mt 14.23 ; Lu 9.18,28 ; 10.21 ; 11.1 ; Jn 11.41 ; 12.27 ; Lu 22.32 ; Jn 17 ; Lu 22.39-46 ; 23.34,46.

Application

Il y a quelque temps, j'eus à faire une méditation sur la prière de Jésus et j'eus le sentiment que mon étude et mon enseignement avaient besoin par-dessus tout de prière sincère et incessante. N'est-ce pas là aussi la source de toute la puissance dont tous ceux qui enseignent le Livre de Dieu ont besoin ?

Quatrième leçon
(2.1-17)

Jésus pardonne les péchés

Je me demande si l'Évangile de Marc revêt à vos yeux une plus grande signification qu'auparavant. Ces trois premières leçons vous donnent-elles un aperçu plus clair de ce que le livre est dans son entier ? Cet aperçu vous a-t-il procuré une réelle bénédiction ?

Avez-vous été impressionné par la *toute-puissance* de Jésus telle qu'elle nous est révélée dans cet Évangile ? Le titre de puissant Serviteur est-il approprié ? Qu'il soit bien entendu, en tout cas, que je réclame de vous une étude personnelle dont les conclusions seront aussi originales que possible.

Activité dévorante

Mais, avant d'aborder la leçon de cette semaine, laissez-moi jeter un coup d'œil sur l'Évangile dans son entier. Essayez de voir, avec moi, dans l'Évangile de Marc, le compte rendu d'une *activité dévorante* :

1. Il rapporte, à deux reprises, que Jésus n'avait même pas le temps de manger (3.20 ; 6.31).
2. Il insiste sur les miracles de Jésus. Dix-huit miracles et seulement quatre paraboles !

3. Il débute par une très brève introduction, nous plaçant d'emblée en plein ministère actif de Jésus.

4. Il emploie 42 fois le mot caractéristique « aussitôt », ou ses équivalents ; contre 7 fois dans Matthieu ; 1 fois dans Luc ; 3 fois dans Jean.

Pensées originales

Avant d'entreprendre l'étude de notre nouvelle leçon, révisez la précédente (1.16-45). Notez chaque manifestation de la *toute-puissance* de Jésus et rappelez-vous l'influence exercée sur le peuple par Jésus et par sa puissance. Revoyez 1.22,27,28,32-34,36,37. Voyez les foules tressaillir en sa présence et considérez leur désir de Le rencontrer le plus souvent possible.

Avec cette pensée, abordez 2.1-12 et relisez ce passage à plusieurs reprises puis, après avoir rafraîchi votre mémoire, laissez-vous guider par les questions suivantes :

1. Pourquoi une foule si considérable ?
2. Quelles manifestations de la puissance de Jésus ?
3. Pourquoi Jésus n'a-t-Il pas commencé par guérir cet homme de sa paralysie ?
4. Quelle est la relation de 2.1-12 à 1.21-28 ?
5. Comment comprenez-vous l'attitude des scribes en présence de Jésus ?

Manifestation de puissance

Reprenons les résultats de votre étude personnelle en considérant premièrement la manière dont Jésus a manifesté sa puissance :

1. La foule immense. Son enthousiasme. Ses souvenirs des précédentes manifestations de cette puissance (chapitre 1).

2. La foi des quatre hommes. Ils *croyaient* à la puissance de Jésus capable de guérir le paralytique.
3. Le pouvoir qui était en Jésus d'opérer cette guérison. L'incapacité physique dans laquelle l'impotent était demeuré pendant des années.
4. La multitude émerveillée à la vue de la puissance de Jésus (verset 12). Mais il nous reste à considérer la manifestation la plus remarquable de cette puissance.

Jésus et le pécheur

« Mon enfant, tes péchés sont pardonnés. » Était-ce pour cette raison que ses quatre amis avaient porté le paralytique ? Son infirmité était des plus graves, mais le cas de son *péché* l'était encore bien davantage. Sa maladie n'avait-elle pas son origine dans le mal terrible du péché ? Jésus regarda au fond du cœur de cet homme et se rendit compte à quel point cet homme souffrait des conséquences de ses péchés antérieurs. Résumons les conditions dans lesquelles se trouvait le paralytique :

1. C'était un pécheur.
2. C'était un pécheur impuissant (Ép 2.1,2 ; Jn 8.34 ; Ro 6.6).
3. C'était un pécheur plein de remords (Ga 6.7 ; Ro 6.23 ; 2 Th 1.9).

Jésus savait tout cela (Ps 139.1-6) et Il aimait cet homme malgré son péché : « *Mon enfant*, tes péchés sont pardonnés. » Nous voyons ainsi que le caractère essentiel de la mission de Jésus était de s'occuper de la tare terrible du péché. Jésus procédait par ordre.

Ceci nous ramène à 1.21-28. Nous avons vu là que Jésus avait le pouvoir de délivrer l'homme de la *tyrannie* du péché. L'homme à l'esprit impur ne savait à quel refuge aller, il était sous le pouvoir du démon, mais Jésus était plus puissant que Satan dont Il pouvait anéantir la tyrannie. Le paralytique demeurait impuissant sous les conséquences du péché, mais la puissance plus grande de Jésus pouvait l'en délivrer. C'est comme preuve de son pouvoir sur le péché qu'Il s'écria : « Or, afin que vous sachiez que le Fils de l'homme a, sur la terre, le pouvoir de pardonner les péchés : Je te l'ordonne, dit-il au paralytique, lève-toi, prends ton lit, et va dans ta maison. » Quelle preuve plus forte, plus évidente, Jésus pouvait-Il donner ? Nous pouvons être sûrs que l'homme fut encore plus heureux en entendant Jésus lui dire : « Tes péchés sont pardonnés » qu'au moment où il « prit son lit, et sortit en présence de tout le monde... ».

Il n'est pas, dans le monde, de plus grande puissance que celle qui triomphe du péché.

Les scribes et les pharisiens

Ceci nous amène à une partie très importante de notre leçon. Relisez les versets 6 à 11. Quelle fut l'attitude des scribes à l'égard de Jésus ? Comparez-la avec l'enthousiasme de la multitude. Comment vous expliquez-vous cette manière d'être ? « Comment cet homme parle-t-il ainsi ? Il blasphème. » Imaginez les sentiments de leur cœur à l'égard de Jésus, quel contraste avec ceux des autres gens ! Il s'agissait d'une amère *opposition*. Or, ces scribes étaient parmi les dirigeants spirituels des Juifs et ils faisaient preuve d'une profonde inimitié vis-à-vis de Jésus.

Quelle raison donnez-vous ? Si Jésus n'avait pas été un avec Dieu, l'opinion des scribes aurait été correcte. La réponse est donnée dans les versets 8 à 12, mais réfléchissez à la preuve que Jésus avait déjà donnée du fait d'être le Fils de Dieu.

Le tort des scribes et des pharisiens consistait dans leur *orgueil* d'orthodoxes. Ils mettaient leur fierté dans les observances religieuses *extérieures* et *formalistes*, mais leur cœur n'était nullement touché. Pensez à la condamnation exercée sur eux par l'enseignement religieux de Jésus et lisez avec attention Matthieu 6.1-5 ; 23.25-28. Et maintenant que la vie et l'enseignement de Jésus aboutissaient à la critique comme à la condamnation des sentiments intimes des scribes et des pharisiens, il en résultait naturellement vis-à-vis de Lui une forte opposition.

Réfléchissez au courage de Jésus parlant ouvertement aux scribes et aux pharisiens et insistez sur la manière dont Il fit preuve d'autorité en pardonnant les péchés du paralytique.

Vocation de Lévi

Les versets 15-17 mentionnent un nouveau motif d'opposition à Jésus, mais il nous faut considérer brièvement l'appel de Lévi (versets 13,14).

Le fait que Lévi était un publicain, ou collecteur d'impôts, ne prouve aucunement qu'il ait été un pécheur de réputation, cependant la plupart des publicains étaient avilis par l'habitude coupable d'exiger du peuple plus d'argent qu'il ne devait.

Il est évident que Jésus connaissait bien Lévi et savait qu'il deviendrait un excellent disciple. Remarquez également la manière prompte et ouverte dont Lévi accepta cet appel, et quel sacrifice cela représentait de sa part. Cela signifiait l'abandon de son bien-être et la perte d'une position lucrative, cela signifiait une rupture nette avec le passé, mais pensez à ce que devait être l'Évangile selon saint Matthieu ! N'est-ce pas là le résultat de la complète acceptation de l'appel de Jésus ? Le verset 15 nous dépeint la joie de Matthieu à l'idée d'être devenu un disciple de Jésus. Il éprouvait le besoin d'amener ses anciens amis en la présence de son Maître et de leur montrer qu'il avait rompu avec le passé pour devenir un de ses disciples.

Orthodoxie orgueilleuse

Comme cette scène souligne l'attitude de Jésus à l'égard des pécheurs ! Revenez à 1.21-28 et attachez-vous à cette parole de Jésus : « Le Fils de l'Homme est venu chercher et sauver ce qui était perdu. » (Lu 19.10).

Notez maintenant avec soin la position prise par les scribes et les pharisiens touchant la présence de Jésus au milieu d'un si grand nombre de pécheurs : « Pourquoi mange-t-il et boit-il avec les publicains et les gens de mauvaise vie ? » Ils en éprouvaient du dégoût et leur opposition n'en devint que plus amère, l'orgueil que leur causait leur orthodoxie formaliste encore plus intense.

Comment Jésus répondit-Il à ce choc ? « Ce ne sont pas ceux qui se portent bien qui ont besoin de médecin, mais les malades. Je ne suis pas venu appeler des justes, mais des pécheurs. Le scribes et les pharisiens étaient-ils « justes » ? Pour connaître la réponse de Jésus à cette question, lisez Lu 18.9-14 ; Mt 23.25-33. L'orgueil de leur orthodoxie avait fermé la porte de leur cœur à tout vrai sentiment religieux. Je ne veux pas dire que c'était le résultat de l'orthodoxie, mais de *l'orgueil* qu'inspirait une sorte d'orthodoxie. Lisez comment Luc 18.9-14 établit le contraste entre l'attitude du pharisien et du publicain.

N'oubliez pas que les scribes et les pharisiens étaient les dirigeants religieux du temps de Jésus. C'étaient eux les prédicateurs, les anciens de l'Église juive et l'orgueil de leur orthodoxie faisait beaucoup plus de mal que de bien.

Application

L'orgueil de l'orthodoxie existe-t-il de nos jours au sein de nos églises ? Autrement dit : L'orgueil de l'orthodoxie est-il confiné aux scribes et aux pharisiens ? Je crois qu'il existe dans nos églises des scribes et des pharisiens authentiques, mais que les chrétiens sincères animés de l'orgueil de leur orthodoxie y sont beaucoup plus nombreux. Le danger actuel est que des croyants sincères prononcent des jugements sur ceux qui ne croient pas comme eux. Telle est leur attitude : Si vous ne croyez pas comme moi, vous avez tort, car je sais avoir raison. Quelle est l'influence exercée par de semblables affirmations ? Cela amène-t-il réellement des pécheurs à la croix de notre Seigneur et Sauveur Jésus-Christ ? Méditez, et cherchez la réponse au fond de votre cœur.

Cinquième leçon
(2.18 à 3.6)

Jésus et le sabbat

Avant d'aborder le sujet de cette semaine, nous donnerons un court aperçu de l'ensemble de l'Évangile de Marc. Vous vous rappelez le thème : « La toute-puissance de Dieu mise à la portée des hommes par le service de Jésus-Christ en personne », et, plus brièvement encore : « Le puissant Serviteur du Seigneur. » Relisez Actes 2.22 ; 10.38 pour vous rappeler la relation étroite qui existait entre Jean-Marc et Pierre.

Revoyez maintenant les divisions principales[1].

Ensuite, ouvrez votre Bible à Marc 10.45 et lisez très attentivement ce verset. Apprenez-le par cœur : « Car le Fils de l'homme est venu, non pour être servi, mais pour servir et donner sa vie comme la rançon de plusieurs. » Puis considérez à la lumière de ce verset les divisions principales de l'Évangile. Vous apercevez la relation qui les unit. Ne pouvons-nous pas considérer 10.45 comme tout l'Évangile de Marc en un seul verset ? Que ce verset occupe la première place dans votre esprit et dans votre cœur au cours de vos lectures et de votre étude !

---

1. p. 171 : I,II,III.

L'opposition

Nous avons eu déjà deux leçons dont le sujet était compris dans la deuxième division principale. En voici les subdivisions :

Le *ministère du puissant Serviteur* (1.14 à 8.30).

A. Les débuts du ministère (1.14-45).
B. L'*opposition* des pharisiens (2.1 à 3.6).
a) Premier exemple (2.1-12).
b) Second exemple (2.13-17).
c) Troisième exemple (2.18-22).
d) Quatrième exemple (2.23-27)
e) Cinquième exemple (3.1-6).

Vous voyez ainsi que la leçon de cette semaine (2.18 à 3.6) n'est que la suite du sujet précédent et que l'*opposition* des pharisiens est bien au centre.

Vous vous rappelez ce qu'était cette opposition au cours de notre dernière leçon et vous vous rappelez également son origine dans l'*orgueil* que causait aux pharisiens leur religion, disons leur orthodoxie, tout *extérieure* et *formaliste*. Voici quelques passages dont la lecture vous aidera : Mc 7.1-5 ; 8.11-13 ; Mt 23.1-36 ; Jn 5.16-18 ; 7.32,45-47 ; 11.45-53.

Étude personnelle

Commencez votre étude de l'opposition pharisienne par les passages 2.18-22,23-27 et 3.1-6. Lisez ensuite l'ensemble de 2.18 à 3.6 avant d'examiner chaque incident séparément. Que nous est-il révélé touchant le caractère des pharisiens, concernant leur appréciation de la vraie religion, concernant leur attitude envers Jésus ? Comment pouvez-vous expliquer la différence immense entre leur religion et celle de Jésus ? Que pensez-vous de la réponse donnée par Jésus à l'opposition des pharisiens ?

Jésus et le jeûne

Pourquoi les pharisiens jeûnaient-ils ? Pourquoi Jésus ne le réclamait-Il pas de ses disciples ? La réponse à la première question éclairera la seconde.

Le jeûne tel que le pratiquaient les pharisiens était une pure *forme*, une pure *cérémonie* dont ils faisaient un acte religieux essentiel. La Loi avait institué un seul jour de jeûne par an, mais les pharisiens jeûnaient « deux fois la semaine » (Lu 18.12).

Comme exemple frappant du genre de jeûne auquel les pharisiens étaient accoutumés, lisez Matthieu 6.16 : « Lorsque vous jeûnez, ne prenez pas un air triste, comme les hypocrites, qui se rendent le visage tout défait, *pour montrer aux hommes qu'ils jeûnent*. Je vous le dis en vérité, ils reçoivent leur récompense. » Vous voyez à quel point l'*orgueil* était au cœur de leur prétendue religion. Relisez Luc 18.9-14. Y a-t-il lieu de s'étonner que Jésus n'ait pu supporter ce genre de religion ?

Mais Jésus répondit à l'opposition qui Lui était faite, en enseignant que le jeûne, comme tous les rites, avait sa raison d'être en tant qu'expression sincère des sentiments religieux d'une âme. C'est ce qui devait se passer le jour où Il serait violemment arraché à ses disciples par la volonté des mêmes pharisiens. Tandis que Jésus voyait, dans les cérémonies, l'expression de *sentiments vrais*, les pharisiens en faisaient une *forme vide* et un étalage haïssable de propre justice.

Jésus et le sabbat

Quelle était l'attitude des pharisiens envers la Loi telle qu'elle avait été donnée par Dieu ? Réfléchissez à cette question en face de la haine meurtrière manifestée envers Jésus à propos du sabbat.

En ce jour de sabbat, les disciples marchaient à la suite de Jésus à travers un champ aux épis mûrs et, étant donnée leur faim, ils se mirent à arracher quelques épis. Or, aux yeux des pharisiens, c'était là un travail, donc une action défendue par la loi du sabbat, aussi insistaient-ils sur le fait de la violation de cette loi par les disciples.

La réponse de Jésus comprend les trois arguments suivants :

1. Il est juste de violer la lettre stricte de la Loi, s'il s'agit de faim à apaiser (2.25,26).
2. La loi du sabbat est au service de l'homme et non pas l'homme au service de la loi du sabbat (2.27).
3. « Le Fils de l'homme est maître même du sabbat » (2.28).

Prenez le temps de réfléchir à ces trois arguments de la réponse de Jésus pour apercevoir la différence entre son attitude envers la religion et l'attitude des pharisiens.

Cinquième exemple d'opposition

Nous avons déjà examiné quatre cas où l'opposition des pharisiens contre Jésus s'était manifestée. Le passage 3.1-6 nous fournit un cinquième exemple et nous montre le point culminant de cette opposition en ce qui concerne l'Évangile de Marc. Étudiez ces versets avec grand soin et examinez ces questions : Comment l'homme à la main sèche se trouvait-il dans la synagogue ? Quel est le centre même des événements qui se passèrent dans cette synagogue ? Que

pensez-vous de l'attitude prise par Jésus envers les pharisiens en un pareil lieu ? Que pensez-vous de la réponse donnée par Jésus (verset 4) ? Quelle lumière ces événements
jettent-ils sur les fruits de la religion des pharisiens ?
1. *La présence des pharisiens.* Il est évident que c'est
eux qui avaient fait entrer l'homme à la main sèche dans la
synagogue. Considérez leur attitude envers Jésus telle qu'elle
nous est rapportée au verset 2. Souvenez-vous que c'étaient
des dirigeants. Pensez à ce qu'était en réalité leur croyance
concernant le sabbat. En quoi leur attitude envers Jésus se
ressentait-elle de l'influence exercée par leurs idées religieuses (verset 6) ?
2. *La présence de Jésus.* Quel courage en face de la colère violente et de la haine désespérée des pharisiens ! Mais
quelle n'est pas la perfection de sa réponse ? Refuser d'aider
son prochain était mal, refuser de porter secours constituait
un meurtre. Quelqu'un donc qui refuse ses actes de miséricorde le jour du sabbat, se rend coupable envers la Loi d'une
impardonnable profanation.

Dirigeants !

Étant donné le fait que les pharisiens étaient les dirigeants de la religion juive, est-il étonnant que le message de
Jean-Baptiste ait porté sur la confession des péchés et y a-t-
il lieu de se demander pourquoi le monde avait besoin de
Jésus ?

Résumons rapidement les caractères de la religion des
pharisiens : religion extérieure, faite de formes et de cérémonies, légalisme aveugle, ritualisme, habitudes dépourvues
de sens, règles aussi minutieuses qu'écrasantes, tradition
humaine. À l'origine de tout cela : l'*orgueil.*

Cherchez dans les passages 2.1 à 3.6 des exemples touchant ces différents caractères de la religion des pharisiens.

Étude personnelle

Quel en était le résultat ? Lisez avec soin Mt 23.1-36, vous y trouverez une description exacte de ces habitudes religieuses. Une autre conséquence c'était la manière dont les dirigeants se conduisaient envers Jésus et dont l'apogée est décrite dans Marc 14.53-65.

Application

De quelle nature est votre religion ? Est-elle extérieure, formaliste, faite de cérémonies et exalte-t-elle votre propre justice ? Ou bien, au contraire, votre religion part-elle du cœur (1 S 16.7) ? Quelle est votre attitude envers la religion d'autrui ? Est-ce l'*orgueil* de l'orthodoxie qui inspire vos critiques ou bien un esprit humble et patient anime-t-il vos jugements ?

Sixième leçon

(3.7-35)

Jésus choisit les douze apôtres

« Jésus se retira vers la mer avec ses disciples » (Mc 3.7). Pourquoi Jésus avait-Il quitté Capernaüm ? Dans nos deux dernières leçons, vous avez étudié l'opposition des scribes et des pharisiens. Or Jésus avait la preuve que cet esprit d'opposition se développait constamment et Il se rendait compte, dans l'intérêt de son œuvre future, de la nécessité d'une ligne de démarcation très accusée entre ses disciples et ses adversaires. C'est pourquoi Jésus s'efforçait de s'éloigner des scribes et des pharisiens.

Jésus au bord de la mer

La croissance de l'opposition nuisait-elle à sa popularité ? Vous trouverez la réponse dans les versets 7 à 12 : « Une *grande multitude* le suivit de la Galilée, de la Judée, et de Jérusalem, et de l'Idumée, et d'au-delà du Jourdain, et des environs de Tyr et de Sidon, une *grande multitude*, apprenant tout ce qu'il faisait, vint à lui. » La renommée de la toute-puissance de Jésus se répandait rapidement à travers toute la Palestine et le peuple avait hâte de constater de ses propres yeux ce que lui apportait la rumeur publique.

39

La foule était si considérable que Jésus fut obligé de se réfugier sur une barque pour échapper à sa pression. Virent-ils alors ce qu'ils demandaient ? « Car, comme il guérissait beaucoup de gens, tous ceux qui avaient des maladies se jetaient sur lui pour le toucher. Les esprits impurs, quand ils le voyaient, se prosternaient devant lui et s'écriaient : Tu es le Fils de Dieu. »

Est-ce que tout cela ne vous ramène pas au thème de l'Évangile de Marc : « La *toute-puissance* de Dieu mise à la portée des hommes par le service de Jésus-Christ en personne » ? Faisant allusion à notre paragraphe, le professeur Erdman parle de « la puissance illimitée de Jésus » et du « Fils de Dieu qui opère des merveilles ». Pour vous rendre compte de certaines manifestations spéciales de la puissance de Jésus, veuillez lire ces passages : 4.41 ; 5.20,30,42 ; 6.5,7,41,51,56 ; 7.27 ; 9.23 ; 10.52 ; 11.15-18 ; 12.36 ; 13.26 ; 14.62 ; 16.6,19,20 ; Ac 2.22 ; 10.38.

Appel des douze

En quoi Jésus accentua-t-Il sa mise à part ? « Il monta ensuite sur la montagne ; il appela ceux qu'il voulut et ils vinrent auprès de lui. Il en établit douze, pour les avoir avec lui, et pour les envoyer prêcher avec le pouvoir de chasser les démons. » En ceci, Jésus ne se séparait pas seulement des scribes et des pharisiens, mais aussi de la multitude. N'existe-t-il pas une relation naturelle entre les versets 7 à 12 et 13 à 19 ? Le premier passage nous frappe par la grande multitude qui se pressait vers Jésus et par sa manière d'agir à leur égard. Mais ce n'était pas là le seul concours populaire qui se soit produit en Palestine, en Asie, et même dans le monde entier. Était-ce là la seule foule qui eût besoin de Jésus ? Comment Jésus aurait-Il fait pour atteindre un nombre de gens multiplié par des millions de fois ? Pensez aux

Indes, par exemple. Admettez que Jésus eût prolongé son ministère terrestre et qu'Il eût consacré une seule journée aux campagnes hindoues, aurait-il atteint tous les habitants de ce pays ?

Considérez comment Matthieu introduit l'appel des douze par Jésus : « Voyant la foule, il fut ému de compassion pour elle, parce qu'elle était languissante et abattue, comme des brebis qui n'ont point de berger. Alors, il dit à ses disciples : La moisson est grande, mais il y a peu d'ouvriers. Priez donc le maître de la moisson d'envoyer des ouvriers dans sa moisson » (9.36-38). Ainsi donc, quand Jésus considérait les multitudes, Il pensait aux millions de brebis sans berger à travers le monde entier. Tout son ministère devait être confiné au petit pays de la Palestine, alors que l'univers entier demeurait dans les ténèbres. « Le rôle de Jésus n'était pas de répandre l'Évangile, mais de l'instituer. Il enseignait douze hommes pour qu'ils évangélisent des millions. »

Éducation des douze

Le but par excellence de Jésus en choisissant les douze était de les préparer à continuer son œuvre après son départ, car ainsi seulement le monde devait apprendre à Le connaître. Et en quoi consistait cette préparation ? À « les avoir avec lui ». Il est vrai qu'Il les envoya faire une brève tournée d'évangélisation tandis qu'Il était encore avec eux, mais ce à quoi Il pensait à l'origine, c'était à l'immensité de leur œuvre après son ascension. « Les avoir avec lui », tout, dans l'Évangile, a pour centre Jésus-Christ et tout, dans la Bible entière, gravite autour de sa Personne. Ainsi donc, avant que ses disciples ne fussent parvenus à Le connaître, Lui et la vérité qu'Il voulait révéler, n'étaient-ils pas prêts à Le faire connaître aux multitudes dans le monde entier ?

L'éducation des douze constituait donc la tâche la plus grande que Jésus eût à accomplir avant sa mort et sa résurrection.

Les douze atteignirent-ils la multitude dès après l'ascension de Jésus ? « Parthes, Mèdes, Elamites, ceux qui habitent la Mésopotamie, la Judée, la Cappadoce, le Pont, l'Asie, la Phrygie, la Pamphylie, l'Égypte, le territoire de la Libye voisine de Cyrène, et ceux qui sont venus de Rome, Juifs et prosélytes... » (Ac 2.9,10). Et tout cela en un jour ! Et, comme résultat de cette seule journée, « le nombre des disciples s'augmenta d'environ trois mille âmes » (Ac 2.41). Mais ceci se passait *après* qu'ils eurent été éduqués par Jésus, *après* qu'ils eurent été remplis de l'Esprit, ainsi que Jésus l'avait été aux débuts de son ministère, et c'est ce que souligne l'immense importance de l'appel des disciples.

Béelzebul

Quel fut l'effet produit sur les pharisiens par cet accroissement de popularité ? « Et les scribes, qui étaient descendus de Jérusalem, dirent : Il est possédé de Béelzébul ; c'est par le prince des démons qu'il chasse les démons. » Il y a ici deux choses à considérer. En premier lieu, le fait qu'une délégation de scribes avait été envoyée de leur siège qui se trouvait à Jérusalem. Telle était la raison pour laquelle Jésus était demeuré en Galilée : « Après cela, Jésus parcourait la Galilée, car il ne voulait pas séjourner en Judée, parce que les Juifs cherchaient à le faire mourir » (Jn 7.1). Et secondement, leur opposition se trouva intensifiée du fait d'affirmer que Jésus s'était ligué avec le diable en personne.

Cette accusation des scribes prend place aussitôt après avoir vu Jésus chasser le démon d'un homme aveugle (Mt 12.22-24), et l'étonnement de la multitude fut tel qu'ils s'écriaient : « N'est-ce point là le Fils de David ? » C'est pour cette raison que les scribes voulaient donner leur explication à eux.

La réponse de Jésus

Considérez maintenant la réponse de Jésus à l'accusation terrible des pharisiens. Ces trois vérités sont proclamées :

1. L'antagonisme profond entre le royaume du Christ et le royaume de Satan (versets 23-26). Méditez sur ces versets et comprenez à quel point Jésus souligne ce principe fondamental. Ceci étant admis, combien absurde cette idée que Satan venait en aide à Jésus ! Les deux royaumes étaient dans un état d'hostilité l'un envers l'autre et, entre les deux, aucun compromis ne pouvait trouver place. L'esprit de l'un était le Saint-Esprit, l'Esprit de l'autre était l'esprit de Satan. Quel contraste !

2. Le fait que Jésus dépouillait Satan (verset 27). Il était venu dans le monde pour délivrer les hommes du pouvoir de Satan, et la seule manière d'y parvenir était de vaincre Satan, de lui ravir son pouvoir. Est-il étonnant qu'au début du ministère de Jésus soit intervenue cette glorieuse victoire sur le diable ?

Terrible jugement

Voici maintenant les conséquences de l'accusation lancée par les scribes et les pharisiens. Insistez sur les versets 28 à 30. Quelle glorieuse affirmation ! Quelle terrible condamnation !

Réjouissez-vous d'abord de la glorieuse affirmation : « *Tous* les péchés seront pardonnés aux fils des hommes, et les blasphèmes qu'ils auront proférés... » Quel péché plus noir Dieu pouvait-Il décrire dans son appel adressé aux hommes en vue de leur salut ?

Considérez maintenant le verset 29 : « Coupable d'un péché éternel. » Tel était le cas des scribes et des pharisiens. Ils avaient blasphémé contre le Christ et contre le Saint-Esprit, étant donné que Jésus accomplissait son œuvre par la puissance de l'Esprit-Saint. N'avaient-ils pas dit que Jésus accomplissait son œuvre par la puissance de Satan ? Péché irrémissible ! N'était-ce pas là le fruit de leur attitude envers la religion ? Relisez Matthieu 23.23-33.

Séparation de rigueur

Les versets 20 à 30 nous montrent, avec les attaques des scribes et des pharisiens, la nécessité d'une rupture. Que nous révèlent les versets 31 à 35 concernant sa rigueur ?

Pour bien comprendre, il nous faut examiner le verset 21. Les « parents » étaient probablement la mère et les frères de Jésus, comme vous pouvez vous en rendre compte au verset 31. Ils estimaient que Jésus souffrait d'exaltation religieuse et de déséquilibre mental. En cela, ils se rendaient coupables de présomption et d'injustice. Lisez la suite (versets 31 à 35). Ils croyaient que Jésus avait perdu l'esprit et ils étaient déterminés à Lui faire interrompre son ministère. Ils se trompaient sur son compte et Le privaient de leur sympathie dans l'œuvre qui était si précieuse à son cœur.

Application

Jésus répondit à cet égarement en proclamant cette vérité immortelle : « Quiconque fait la volonté de Dieu, celui-là est mon frère, ma sœur, et ma mère. » Peut-il exister une plus grande intimité ? Non, nous ne sommes pas appelés à vivre en ermites. Nous avons, jour après jour, à vivre dans le monde. Mais, avec le sentiment que Jésus est tout proche, qu'Il est notre Frère, nous pouvons échapper à l'influence contaminante du milieu et, par cela même, proclamer en face de notre prochain la bienfaisante réalité de la présence divine.

Septième leçon
(4.1-20)

Jésus enseigne en paraboles
quatre genres d'auditeurs

« Il leur enseigna beaucoup de choses *en paraboles...* »
(4.2). Pour vous rendre compte de la prédominance du mot
« paraboles » dans notre chapitre, lisez les versets
2,10,11,13,30,33,34. Et pourquoi Jésus changeait-il de méthode et se mettait-Il à enseigner en paraboles ? C'est exactement ce que les disciples Lui demandèrent : « Les disciples s'approchèrent et lui dirent : Pourquoi leur parles-tu en
paraboles ? » (Mt 13.10).

L'opportunité des paraboles

Nous ne pouvons répondre à cette question avant d'avoir
étudiée à la lumière des chapitres 1 à 3, tant il est vrai que
Jésus se mit à parler en paraboles comme conséquence seulement des expériences par lesquelles Il venait de passer.
Ceci nous conduit à une brève révision :

1. Dans 1.1-13, nous avons étudié la préparation du puissant Serviteur. Considérons maintenant les versets 14 à 45,
car ils nous ont montré des manifestations frappantes de la
puissance de Jésus, dès le début de son ministère :

a) puissance exercée sur la volonté et le cœur des hommes (1.16-20) ;

47

b) puissance exercée sur Satan (1.21-28) ;

c) puissance exercée dans un cas de simple maladie (1.29-31) ;

d) puissance exercée sur différentes maladies et sur de nombreux démons (1.32-34) ;

e) puissance s'exerçant dans le cas de la purification d'un lépreux (1.40-45).

2. Quel fut l'effet produit sur les scribes et les pharisiens ? La réponse a été déjà donnée lors de votre étude du chapitre 2 où vous avez découvert cinq exemples d'âpre opposition de la part de ces dirigeants. Rappelez-vous que tout cela se passait en dépit des preuves puissantes que Jésus donnait de sa divinité.

3. Ainsi, la dernière leçon vous a montré que Jésus, pour Lui-même autant que pour ses disciples, essayait de se séparer des scribes et des pharisiens. Malgré cela, ces derniers envoyèrent une délégation de leur siège qui était à Jérusalem et donnèrent la preuve d'une opposition encore plus intense. Matthieu dit : « *Ce même jour*, Jésus sortit de la maison, et s'assit au bord de la mer » (Mt 13.1). Telle était l'occasion (immédiatement après l'opposition la plus âpre des scribes et des pharisiens) que Jésus saisit pour enseigner en paraboles.

La raison d'être des paraboles

Étant donnée la base que nous venons d'établir, vous êtes prêts à comprendre la raison d'être des paraboles. Méditez attentivement sur Marc 4.10-12. Ensuite, pour mieux éclairer le même problème, lisez Matthieu 13.10-16. Vous verrez ainsi très clairement que Jésus faisait allusion à l'opposition des pharisiens et à l'incrédulité d'une partie de la multitude, et vous vous rendez compte que Jésus se trouvait en présence de deux catégories d'auditeurs : les croyants et les incrédules. Or, les paraboles établissent une séparation tranchée entre ces deux catégories.

1. « *C'est à vous qu'a été donné le mystère du royaume de Dieu...* » Ici, Jésus s'adresse à des croyants et, s'Il leur parle en paraboles, c'est parce que les paraboles devaient leur révéler la vérité encore plus clairement. Le mot grec « parabole » signifie une comparaison, terme entraînant littéralement l'idée de choses mises côte à côte dans le but de rendre appréciable leur ressemblance. Le synonyme le plus approchant serait le mot illustration. Ainsi donc, quand Jésus présentait une vérité spirituelle sous une forme concrète et familière à ses auditeurs, la vérité, de ce fait, devait gagner en clarté. Cependant, la valeur que prenaient les paraboles aux yeux des croyants allait plus loin encore en ce sens qu'elles les aidaient à se rappeler la vérité. Quand Jésus, par exemple, présentait la vérité sous la forme d'une semence jetée dans différentes espèces de terrains, les gens devaient se souvenir de cela les nombreuses fois où ils seraient appelés à traverser des champs.

2. « *Mais pour ceux qui sont dehors*, tout se passe en paraboles. » Il s'agit maintenant des incrédules. Pour eux, la parabole aboutissait à cacher la vérité en vue d'exercer un jugement. Pensez à la manière frappante dont Jésus leur avait présenté la vérité sous la forme de miracles et pourtant leur incrédulité était telle qu'ils avaient accusé Jésus de faire cause commune avec Satan ! Cette attitude entraînait un jugement et c'est ce jugement qui se trouve exprimé dans le fait de cacher la vérité. Une preuve de ce que les incrédules se souciaient fort peu de comprendre la vérité résidait dans cet autre fait de ne demander à Jésus aucune explication comme l'avaient fait les disciples. « C'est pourquoi je leur parle en paraboles, parce qu'en voyant ils ne voient point, et qu'en entendant ils n'entendent ni ne comprennent... Car le

cœur de ce peuple est devenu insensible ; ils ont endurci leurs oreilles, et ils ont fermé leurs yeux... (Mt 13.13,15). Vous voyez que le *péché* avait obscurci leurs yeux.

La parabole avait aussi pour but de retenir la vérité captive jusqu'au moment où, dans l'avenir, les cœurs deviendraient réceptifs. Ainsi la parabole ressemblait à une enveloppe qui aurait recouvert un noyau. Lisez Exode 14.19,20. Vous y verrez que, d'un côté, la nuée était obscure pour les Égyptiens et, de l'autre, lumineuse pour les enfants d'Israël. Ainsi, la parabole revêtait ce contraste aux yeux des incrédules et des croyants : elle était obscure aux uns, lumineuse aux autres.

Parabole des différents terrains

Ayant établi la base, nous sommes prêts maintenant pour l'étude de la première parabole (4.1-20). Cette parabole est généralement connue sous le nom de *parabole du semeur*, mais je me demande si ce titre lui convient bien. Est-ce que Jésus met ici à la base de son enseignement celui qui sème, ou bien les différents sols dans lesquels la semence est jetée ? Le semeur ne varie pas, la semence non plus, mais quelle opposition entre les différentes espèces de terrains ! De plus, le caractère de la moisson est déterminé par celui du sol. Ayant ce fait présent à l'esprit, nous étudierons de plus près 4.1-9, puis, une fois la clarté venue, nous aborderons, dans 4.13-20, l'explication donnée par Jésus.

Le long du chemin

Tandis que le semeur répandait sa semence, quelques poignées tombèrent sur le sentier battu, au moyen duquel le droit de passage s'établissait à travers le champ, en contraste avec 12.1. Dans ce sol dur, la semence ne pouvait pénétrer, aussi les oiseaux fondirent-ils sur elle pour la manger.

Quels étaient les cœurs endurcis auxquels Jésus jetait la Parole du Royaume, sinon ceux qui ne comprenaient pas ? Relisez Matthieu 13.13,15 : « Parce qu'en voyant, ils ne voient point, et qu'en entendant ils n'entendent ni ne comprennent. » Ici, Jésus décrivait le cas des pharisiens, les prétendus dirigeants en fait de religion. C'était eux le chemin battu, eux dont le cœur était si endurci que la parole semée par Jésus ne pouvait y pénétrer («aussitôt Satan vient et enlève la parole qui a été semée en eux»). En vue des conséquences lisez Mt 12.34,39 ; 23.25-28. Qui sont, de nos jours, ceux dont le cœur ressemble à un terrain battu ? Ce sont ceux qui trouvent leur satisfaction dans les biens matériels et dont le cœur ne s'est jamais attendri. À cause de leur habitude d'un contact superficiel avec les choses de l'âme, ils sont devenus «calleux», «endurcis par l'Évangile», «profondément insouciants».

Dans les endroits pierreux

Lisez 4 :5. Ici Jésus parle des parcelles de terre peu profonde, là où la couche de rocher est proche de la surface. La semence jetée y pousse rapidement pour être bientôt séchée sous les ardeurs du soleil, étant donnée l'absence d'un sol assez riche pour nourrir des racines. Au temps de Jésus, il s'agissait là des multitudes qui, au début, acceptaient avec avidité son enseignement, mais qui se détournaient de Lui dès qu'elles avaient compris le vrai sens spirituel de ce qu'Il disait. Lisez Jean 6.66.

De nos jours, ce sont «les impulsifs, les gens instables, qu'on rencontre si fréquemment à l'occasion d'un réveil spirituel. Gens émotifs mais superficiels, dont l'enthousiasme irréfléchi est vite embrasé, mais vite découragés et prêts à trébucher dès que décroît leur zèle et qu'augmentent les difficultés.»

Parmi les épines

Lisez 4.7. Ici, il s'agit de parcelles où les racines de chardons, d'orties et d'autres mauvaises herbes ont été tolérées. Quand la semence germa, ces racines poussèrent en même temps, mais leur croissance plus vigoureuse étouffa les brins d'herbe tendre, Tels sont les auditeurs qui ne portent pas de fruit à cause des ennemis du dedans. Chez eux, les ambitions mondaines, les désirs charnels ont dominé la bonne semence qui avait germé. Lisez Luc 8.14. Vous verrez que ces âmes ne sont pas tout à fait perdues pour le royaume des cieux, mais elles « ne portent point de fruit qui vienne à maturité ».

Dans la bonne terre

Lisez 4.8. Partout ailleurs, le terrain était meuble, profond et libre. La semence y trouvait un milieu favorable, germait, croissait, et mûrissait. Cependant une différence existait dans la récolte : « Trente, soixante, et cent pour un ». Et c'était vrai, en ce sens que, même pour un bon terrain, existent des degrés dans la qualité de la récolte, étant données les différences chimiques et les variétés d'exposition.

Le bon terrain, ce sont les cœurs honnêtes et bons, empressés à recevoir la Parole du Royaume, qui la méditent, qui consacrent le meilleur de leurs efforts à la cultiver et, de ce fait, produisent des épis dorés.

Application

Vous voyez ainsi que le sujet central de la parabole est bien le suivant : *Les fruits de l'Évangile dépendent des conditions dans lesquelles se trouve le cœur de celui qui entend.* Le cœur est le terrain dans lequel la semence de l'Évangile doit être répandue. Portez-vous du fruit ? Est-ce trente, soixante, ou cent pour un ? Cela dépend de l'état où se trouve votre cœur. Concernant cet état, vous trouverez toute la question résumée dans ce seul verset : « Mais croissez dans la grâce et dans la connaissance de notre Seigneur et Sauveur Jésus-Christ » (2 Pi 3.18). Combien il vous tarde de devenir un auditeur de la Parole qui produise beaucoup de fruit ! Pour mettre en pratique cette riche expérience, méditez, priez, obéissez !

Huitième leçon
(4.21-34)

Jésus enseigne en paraboles la croissance du royaume

« Si quelqu'un a des oreilles pour entendre, qu'il entende », tel est le message de Jésus après avoir donné l'explication de la parabole des différents terrains. Lisez Marc 4.21-25. De la part de Jésus, quel souci de nous faire comprendre la vérité !

L'attitude qui convient pour l'étude de la Bible

1. Aborder cette étude avec l'esprit de quelqu'un qui veut *apprendre*. Seuls les humbles, ceux dont le cœur ressemble à celui d'un enfant, sont capables de recevoir instruction de la part de la Bible. N'oubliez pas quelle était l'attitude des pharisiens.

2. Aborder cette étude avec *l'esprit ouvert*. Il faut vouloir recevoir la vérité quand bien même cette vérité contredirait des notions antérieurement acquises.

3. Aborder cette étude avec l'esprit de celui qui *attend*, non pas dans l'incertitude, dans l'indifférence, dans l'insouciance, mais au contraire dans l'assurance qu'aucun effort ne sera vain.

55

4. Avec un esprit *résolu* et *persévérant*. Les vérités les plus riches contenues dans la Bible ne se découvrent pas à quelqu'un qui est vite fatigué. L'étude de la Bible, au contraire, réclame une inlassable persévérance.

5. Avec un esprit de *prière*. C'est là l'essentiel. Jésus commença son enseignement à Nazareth par ces mots : « L'Esprit du Seigneur est sur moi... (Lu 4.18) et Il dit aux onze : « L'Esprit-Saint... vous enseignera toutes choses... », puis, « quand le consolateur sera venu, l'Esprit de vérité, il vous conduira dans toute la vérité... » (Jn 14.26 ; 16.13). Or,cette action glorieuse du Saint-Esprit s'opère seulement en quiconque maintient constamment en soi l'esprit de prière.

6. Avec l'esprit de celui qui *répond*. Chaque fois qu'une vérité sera découverte dans la Bible, elle devra être acceptée comme un élément de vie intérieure qui doit trouver son expression dans la pratique.

Je vous conseille de vous remémorer ces différentes notions et d'en faire le guide de toutes vos études bibliques.

La semence qui croit

Revoyez notre dernière leçon sur la parabole des différents terrains et laissez-vous éclairer par elle dans votre lecture de 4.26-29. Quels principes fondamentaux découvrez-vous dans ces passages ?

1. *L'état dans lequel se trouve le cœur humain.* Ce point de vue a été mis en évidence dans 4.1-9 de telle sorte que la vérité soit clairement saisie dans les versets 26 à 29. Les versets 1 à 9 ne prévoyaient aucun fruit à moins que la semence ne fût tombée dans une bonne terre, et cette vérité s'applique aussi bien aux versets 26 à 29.

La croissance des vérités spirituelles n'est donc possible que dans le cœur des croyants. Le cœur des incrédules reste froid, indifférent et leur attitude est de demeurer fermés aux vérités spirituelles. Combien cela est vrai quand on considère le merveilleux enseignement de Jésus ! « Vous entendrez de vos oreilles, et vous ne comprendrez point ; vous regarderez de vos yeux, et vous ne verrez point. Car le cœur de ce peuple est devenu insensible ; ils ont endurci leurs oreilles, et ils ont fermé leurs yeux... (Mt 13.14,15).

Mais il est évident que le Saint-Esprit est capable d'ouvrir les cœurs des incroyants et d'y introduire la foi et la croyance, en sorte que la vérité spirituelle s'y développe régulièrement.

2. *La croissance progressive de la Vérité.* Ceci est évidemment vrai de la semence qui croît un peu chaque jour, « d'abord l'herbe, puis l'épi, puis le grain tout formé dans l'épi », et il est non moins évident que l'agriculteur, le jardinier, le fleuriste observent cette loi dans le monde entier, tous les efforts étant réglés sur ce principe fondamental.

Ainsi, dans votre développement spirituel, vous verrez, grâce à la lecture et à l'étude de la Bible, votre compréhension de la vérité s'accroître progressivement. Revenez une année, ou cinq années en arrière et vous verrez que la vérité divine a gagné depuis ce temps en profondeur et en clarté. Plus vous lirez et étudierez la Bible, plus grande sera en vous la croissance de la vérité spirituelle.

3. *La croissance certaine de la vérité spirituelle.* Si la croissance de la semence est progressive, elle n'en est pas moins certaine et définitive. Le fruit mûrit et le temps de la moisson est là. « Ainsi l'aboutissement de l'enseignement chrétien de la foi qui en résulte, consiste dans une moisson d'intelligence plus grande, de cœurs plus purs, en un mot dans une vie plus riche. » Comme elle est frappante la manière dont Ésaïe décrit cette vérité fondamentale : « Comme la pluie et la neige descendent des cieux, et n'y retournent pas sans avoir arrosé, fécondé la terre, et fait germer les

plantes, sans avoir arrosé, fécondé la terre, et fait germer les plantes, sans avoir donné de la semence au semeur et du pain à celui qui mange, ainsi en est-il de ma parole qui sort de ma bouche : elle ne retourne point à moi sans effet, sans avoir exécuté ma volonté et accompli mes desseins » (És 55.10,11). Insister longuement sur cette vérité bénie.

Le plus grand des instructeurs

Laissons à Jésus le soin de nous donner une preuve encore plus évidente de la croissance certaine de la vérité spirituelle. Au moment même de se rendre à Gethsémané, Il dit à ses disciples : « Mais le consolateur, l'Esprit-Saint, que le Père enverra en mon nom, *vous enseignera toutes choses...* » et encore : « Quand le consolateur sera venu, l'Esprit de vérité, *il vous conduira dans toute la vérité...* » (Jn 14.26 ; 16.13). Comme cela s'est vérifié dans la vie des disciples ! Après la Pentecôte, l'Ancien Testament s'ouvrit à leur intelligence. Prenez, par exemple, dans Actes 2.16-36, le premier sermon prêché par Pierre ; vous trouverez qu'il s'agit, dans l'ensemble, d'une révélation concernant plusieurs passages de l'Ancien Testament. Des vérités que Pierre avait trouvées jusque-là obscures étaient devenues, avec l'aide du Saint-Esprit, aussi claires que le jour.

Prenons ce qui est arrivé à Philippe (Ac 8.26-35). L'eunuque n'arrivait pas à comprendre le passage d'Ésaïe qu'il venait de lire. « L'eunuque dit à Philippe : Je te prie, de qui le prophète parle-t-il ainsi ? Est-ce de lui-même, ou de quelque autre ? Alors Philippe, ouvrant la bouche et *commençant par ce passage*, lui annonça la bonne nouvelle de Jésus. » Tout ce que Philippe disait de Jésus procédait directement de l'Écriture. Le Saint-Esprit avait révélé la vérité à Philippe d'une manière si simple et si convaincante qu'il fut rendu capable de l'expliquer à son tour à l'eunuque.

Pour ce qui est de votre lecture et de votre étude de la Bible, soyez sous la dépendance constante et sous la direction du Saint-Esprit, et la vérité deviendra de plus en plus claire à vos yeux.

Parabole du grain de sénevé

« Il dit encore : À quoi comparerons-nous le royaume de Dieu, ou par quelle parabole le représenterons-nous ? Il est semblable à un grain de sénevé... » Comment le royaume des cieux peut-il être comparé à un grain de moutarde ? Pour pouvoir répondre à cette question, voyons d'abord comment Jésus décrit cette semence.

1. Le grain de moutarde constituait la plus petite de toutes les semences que les auditeurs de Jésus étaient accoutumés à voir.

2. Mais quand la semence de moutarde est jetée dans un champ, elle ne reste pas aussi petite. Lorsque le grain « a été semé, il monte, devient plus grand que tous les légumes... » Au temps de Jésus, en Galilée, la plante de moutarde atteignait fréquemment plus de 3 mètres de haut, et ses fruits attiraient des oiseaux en foule. L'allusion faite par Jésus aux oiseaux venus habiter dans les branches avait pour but souligner la hauteur que peut atteindre un grain de moutarde une fois que cette semence infime a germé.

Il n'est donné aucune explication de la parabole, mais l'application résulte de la nature des choses. Cela représente les progrès du christianisme dans le monde, ses faibles commencements et son importance finale. Les disciples avaient besoin de connaître cette vérité en particulier, étant donné qu'ils restaient attachés à la notion d'un vaste royaume terrestre. Il leur semblait étrange que le règne du Messie pût avoir d'aussi faibles débuts et ils auraient pu se décourager du fait que la parabole des terrains désignât un petit nombre d'âmes comme devant devenir les sujets du royaume fondé par le Christ.

Application de la parabole du grain de sénevé

Examinons de quelle manière les vérités contenues dans cette parabole furent mises en pratique au sein de l'Église primitive. Combien petit était le royaume au temps de Jésus ! Après l'ascension, Luc fait allusion à 120 croyants (Ac 1.15). Dans 1 Corinthiens 15.6, Paul nous dit que Jésus était apparu en même temps « à plus de cinq cents frères », mais combien cela est peu quand nous pensons que Jésus avait vécu trente-trois ans et que son ministère avait duré trois années. Certes, au temps de l'ascension de Jésus, le royaume des cieux était aussi petit qu'un grain de moutarde.

Mais, après la Pentecôte, cette semence commença à croître. En un seul jour, le nombre des croyants atteignit 3000 (Ac 2.41) ; quelques jours plus tard, il y avait environ 5000 hommes faisant partie du royaume (4.4) ; « le nombre des disciples augmentait beaucoup (6.7). Rendez-vous compte de la croissance du royaume d'après le livre des Actes et d'après les épîtres de Paul, et vous verrez que, dès le temps de cet apôtre, le christianisme s'était répandu dans tout l'univers alors connu (Col 1.6,23).

Imaginez maintenant les progrès de la Vérité depuis les jours de Martin Luther. Quel rôle immense ont joué l'évangélisation et les missions dans la croissance du royaume des cieux, depuis la petitesse du grain de moutarde au temps de Jésus, jusqu'aux vastes dimensions qu'il revêt de nos jours ! C'est en vue de cela que Jésus, la veille de l'ascension, dit aux onze : « Allez, faites de toutes les nations des disciples... » (Mt 28.19), puis : « Vous serez mes témoins à Jérusalem, dans toute la Judée, dans la Samarie, et *jusqu'aux extrémités de la terre* » (Ac 1.8). Pendant toute la durée de son ministère, Jésus avait la parabole du grain de moutarde présente dans sa mémoire et dans son cœur. Ce fut pour Lui une source de profond encouragement.

Application personnelle

Pensez aux glorieuses conséquences de votre lecture et de votre étude fidèle de la Bible : « Vous connaîtrez la vérité, et la vérité vous affranchira » (Jn 8.32) puis, de nouveau, à Jean 16.13 : « Il vous conduira dans toute la vérité. » Considérez enfin l'effet que l'étude et l'enseignement de la Bible doivent produire sur l'avancement constant, irrésistible, du royaume de Dieu. Rendez grâces à Dieu de plus en plus de nous avoir donné la Bible.

Neuvième leçon
(4.35 à 5.20)

Jésus manifeste sa puissance

« Si quelqu'un a des oreilles pour entendre, qu'il entende. » Quel n'est pas le souci de Jésus de nous faire connaître et comprendre la vérité ! Vous vous êtes encore rendu compte que Jésus était un instructeur incomparable, mais vous avez appris comment, dans l'Évangile de Marc, l'accent est mis sur la puissance de Jésus plus que sur sa manière d'enseigner. Il nous faut alors admettre que Jésus enseignait des vérités fondamentales par ses œuvres autant que par ses paroles. Nous établirons par conséquent une relation étroite entre les chapitres 5 et 4 par la division suivante :

1. Enseignement par les paraboles (4.1-34).
2. Enseignement par les miracles (4.35 à 5.43).

L'instruction des douze

Nous voici prêts à aborder les passages de notre leçon, 4.35 à 5.20. Vous vous êtes déjà rendu compte que les deux grands miracles dont ils contiennent le récit se rapportaient surtout aux douze, et vous savez l'importance que Jésus attachait à l'instruction de ces derniers. Vous avez retenu de 4.34 que les auditeurs capables de comprendre vraiment les paraboles étaient les disciples. Étant donné l'opposition des

63

pharisiens et l'incrédulité d'une partie de la multitude, Jésus avait concentré son enseignement sur les douze.

La tempête apaisée

Le miracle rapporté dans les versets 35 à 41 vous est si familier que je me demande si vous serez capable de l'étudier librement et d'inscrire les points fondamentaux. Pourquoi Jésus avait-Il abandonné la multitude ? Pourquoi des pécheurs aussi hardis avaient-ils tellement peur d'une tempête ? Quelle était leur foi étant donné tout ce qu'ils avaient vu faire à Jésus ? Quels principes fondamentaux concernant Jésus nous apparaissent ici ? Qu'apprenons-nous de nouveau touchant sa puissance ?

Peur et manque de foi

« Passons à l'autre bord. » Vous savez que Jésus trouvait nécessaire d'être souvent séparé de la multitude et de rester seul avec les douze. Pour comprendre combien la tâche avait été fatigante pendant cette journée, relisez 4.1, puis 38 : « Et lui, il dormait à la poupe sur le coussin. » Méditez longuement sur ce sujet. Jésus était *homme*.

« Un grand tourbillon. » Et ces gens étaient de hardis pêcheurs. Vous pouvez avoir la certitude qu'ils avaient fait de leur mieux pour maintenir la barque en sécurité, mais cette tempête les dépassait et nous apercevons trois résultats en ce qui les concernait :

1. La *peur*. Ils étaient transis de frayeur, en dépit de la présence bénie du Seigneur.

2. La *présomption*. « Maître, ne t'inquiètes-tu pas de ce que nous périssons ? » Ils prétendaient que Jésus avait négligé son devoir.

3. Le *manque de foi*. « Pourquoi avez-vous ainsi peur ? » Ce manque de foi était à l'origine de toutes leurs frayeurs.

« Comment n'avez-vous point de *foi* ? » Après tout ce qu'ils avaient vu et entendu, les disciples auraient dû faire confiance à leur Maître et éprouver un sentiment profond de sécurité.

Foi et puissance

1. Au milieu de cette terrible tempête, Jésus dormait profondément, et il fallait chercher la cause de cette bénédiction dans la confiance absolue qu'Il avait en son Père. Il s'était remis tout entier entre ses mains et savait qu'à dormir au milieu de la tempête, Il ne risquait rien. Il savait qu'« il ne sommeille ni ne dort, celui qui garde Israël » (Ps 121.4). Quel contraste entre Jésus et les douze ! Foi, et manque de foi !

2. Arrêtez-vous sur le verset 39. Ici, Jésus manifeste son pouvoir sur les forces de la nature. Il était assez puissant pour menacer le vent et les vagues. Considérez l'effet produit sur les disciples : « Quel est donc celui-ci, à qui obéissent même le vent et la mer ? » Tel était bien le puissant Serviteur, et la source de sa puissance était dans sa *foi*. Rappelez-vous à quel point la prière tenait le premier rang dans sa vie, rappelez-vous l'influence exercée par le Saint-Esprit sur tout son ministère, puis établissez-en la relation avec sa foi.

Pouvoir sur les démons

Nous venons de constater le pouvoir exercé par Jésus sur la nature, mais maintenant, il nous sera donné de voir la manifestation de son pouvoir sur les démons (5.1-20). Nous avons ici un exemple frappant des descriptions vivantes dont Marc a le secret. Rendez-vous compte à quel point son récit est plus complet que celui de Matthieu (8.28-34) et de Luc (8.26-37), cela ne fera qu'accroître votre intérêt.

Étude personnelle

Voici trois suggestions en vue de votre étude des versets 1 à 20 :

1. Le pouvoir exercé par Satan sur la vie d'un homme.
2. Ce qui arrive à un homme placé sous la puissance de Satan.
3. Le pouvoir de Jésus sur Satan.

Prenez tout le temps nécessaire pour répondre à chacune de ces questions, vous acquerrez ainsi une compréhension plus nette de ce miracle étonnant.

Quel est maintenant le principe qui est à la base de ce miracle ? Le voici : Jésus-Christ a le pouvoir de délivrer un homme de la domination de Satan. Réfléchissez-y en relation avec le verset suivant : « Le Fils de Dieu a paru afin de détruire les œuvres du diable » (1 Jn 3.8). Est-ce là un bon texte pour notre étude de ce jour ?

Résumé du miracle

Sans entrer dans la discussion, je me propose maintenant de résumer ce qui se rapporte à chacune des questions soumises à votre étude :

1. *Le pouvoir exercé par Satan sur la vie d'un homme.*

A. Satan brisait les entraves et les chaînes.

B. Les esprits impurs avaient entraîné cet homme jusque dans le désert.

C. Toute une légion de démons s'était emparée de lui.

D. La puissance de ces démons s'exerçant sur un troupeau de pourceaux.

2. *Ce qui arrive à un homme placé sous la puissance de Satan.*

A. Il était moralement impur, *a)* dépourvu de toute pudeur (Lu 8.27), *b)* il avait sa demeure dans les sépulcres (considérés comme repaires d'esprits mauvais).

B. Il était dangereux, *a)* pour lui-même (il se meurtrissait avec des pierres), *b)* pour les autres (personne n'osait l'approcher, Mt 8.28).

3. *Le pouvoir de Jésus sur Satan.*

A. Les démons se rendaient compte qu'ils étaient en présence d'une personne exerçant un pouvoir absolu, *a)* ils poussaient des cris de frayeur (Lu 8.28), *b)* ils suppliaient Jésus de ne pas les envoyer dans l'abîme (Lu 8.31).

B. Jésus les chassa par une seule parole.

C. Sa puissance transforma entièrement la vie de cet homme.

Les conséquences

Vous remarquez sans peine que la puissance de Jésus sur Satan atteint ici son apogée. Nous sommes au cœur des événements dont nos deux premiers paragraphes ne font que souligner la préparation. Prenons ce point principal comme centre de notre étude.

Pensez quel enseignement et quelle bénédiction ce dut être pour les douze. Ils furent au début les seuls témoins de ces événements. Pensez encore à tout ce que manquèrent les Gadaréniens en n'assistant pas davantage aux manifestations de la puissance de Jésus. Le verset 17 est vraiment tragique. Que ne fait pas l'amour de l'argent pour arracher des âmes à Jésus !

Application

« Le Fils de Dieu a paru afin de détruire les œuvres du diable. » (1 Jn 3.8), « Jésus-Christ est le même hier, et aujourd'hui, et éternellement » (Hé 13.8). Méditez sur ces deux passages avec attention et prières, puis rappelez-vous que l'expérience d'une aussi glorieuse réalité repose sur notre *foi* en Jésus tout comme dans le récit de la tempête apaisée.

Dixième leçon

(5.21-43)

Jésus redonne la vie et rétablit la santé

La dernière leçon a dû vous captiver étant donné les manifestations de la puissance de Jésus auxquelles elle vous a permis d'assister, et non seulement en fait de miracles, mais en ce qui concerne les vérités d'ordre spirituel qu'ils impliquent. Cette leçon-ci vous fera voir deux miracles encore plus étonnants et, dans le dernier, le plus grand de tous les quatre. L'enseignement spirituel que vous en tirerez rendra encore plus profitable l'étude de toutes nos leçons.

Étude personnelle

En ce qui concerne les deux miracles contenus dans les versets 21-43, veuillez examiner avec soin ces trois caractères principaux :
1. La manifestation de la puissance merveilleuse de Jésus.
2. La foi qui était en Jaïrus et dans la femme.
3. La relation de ces deux miracles entre eux.

Avant de donner toute espèce de commentaire, je me suis attaché à l'étude approfondie de ces trois points, et je voudrais que vous fassiez de même avant de lire mes

69

explications. Faites par écrit un bref résumé des faits se rapportant à chacun de ces trois points.

Toute-puissance

Vous vous êtes déjà rendu compte à quel point Marc insiste sur la toute-puissance de Jésus. Il nous rapporte seulement quatre paraboles, mais dix-huit miracles. Vos notes y ont déjà fait allusion et je suis sûr que les deux miracles de cette leçon-ci n'ont fait que fortifier votre impression. J'en arrive donc à la foi qui était en Jaïrus et dans la femme, foi qui était en relation très étroite avec la puissance de Jésus (versets 34,36).

La foi de la femme

1. *Sa foi en dehors de tout espoir.* Réfléchissez à son cas. Elle était malade depuis douze ans, elle avait essayé de nombreux médecins, mais aucun n'avait pu la guérir ! Elle était pauvre. « Elle n'avait éprouvé aucun soulagement, mais était allée plutôt en empirant. » Mais elle avait « entendu parler de Jésus ». C'était là son seul espoir, et la foi qu'elle avait en Lui était son dernier recours.

2. *Sa grande foi.* « Si je puis seulement toucher ses vêtements, je serai guérie. » N'était-ce pas une marque de grande confiance dans la puissance de Jésus ? Pourquoi cet acte et non pas une demande ? Je pense qu'elle se rendait compte d'une grande différence existant entre son cas et celui de Jaïrus. Elle savait que Jésus se rendait en hâte chez Jaïrus pour guérir sa fille. Elle savait que Jaïrus était un homme influent dans la communauté et qu'il jouissait d'un certain bien-être. Mais elle se sentait pauvre, souffrant d'impureté rituelle, sans amis, inconnue de tous. Comment oserait-elle arrêter Jésus et Lui demander de la guérir ? Elle ne connaissait pas encore son inaltérable miséricorde.

3. *Sa plus grande foi.* Telle est l'explication des paroles prononcées par Jésus (versets 30-34). Il lui rendit compte du fait qu'une force était sortie de Lui en réponse à cet acte de foi. Arrêtez-vous un moment et réfléchissez aux réserves de puissance nécessaires à Jésus pour accomplir son œuvre. Quelle était la source de cette puissance ? Lisez Luc 5.16,17 : « Et lui, il se retirait dans les déserts, et priait... et la *puissance* du Seigneur se manifestait par des guérisons. » C'était la prière de Jésus qui rendait possible l'exercice de cette puissance, alors que la foi de la femme lui permettait de s'en approprier les bons effets. Veuillez réfléchir à cette question avec grand soin.

De nouveau, Jésus manifesta sa miséricorde envers cette pauvre femme par ces paroles : « Ma fille, ta foi t'a sauvée ; va en paix, et sois guérie de ton mal. » Pensez à l'influence exercée par l'attitude de Jésus sur le développement de la foi chez cette femme, et pensez à l'opinion qu'elle pouvait avoir du Maître ! N'était-ce pas sa *foi* qui avait permis tout cela ?

Un cas désespéré : Jaïrus

1. « Ma petite fille est à l'extrémité... » Jaïrus la savait donc en danger de mort. Jésus était demeuré pendant quelques jours éloigné de la maison de Jaïrus, mais, dès que Jaïrus eut compris que sa fille allait mourir, il s'était précipité à la recherche de Jésus. Il avait fini par le trouver près de la mer ; à peine Lui et les douze débarquaient-ils du pays des Gadaréniens et, il ignorait, à ce moment, si sa fille était encore en vie.

2. L'encombrante multitude (verset 24). Jaïrus savait que le seul espoir de salut pour sa fille consistait à avoir Jésus au plus vite à son chevet, et voici que la multitude le pressait au point de l'empêcher d'avancer !

3. La femme atteinte d'une perte de sang. Et il fallait que Jésus s'arrêtât pour lui parler ! N'était-ce pas là une nouvelle cause de retard ? Quelle détresse chez Jaïrus ! Quelle alarme dans son cœur !

4. La nouvelle de la mort. « Pourquoi importuner davantage le maître ? » Les amis de Jaïrus annonçaient que tout espoir était vain, il ne lui restait plus qu'à laisser Jésus pour rentrer chez lui en hâte.

5. La foule bruyante. Quand Jésus fut arrivé chez Jaïrus, Il vit « des gens qui pleuraient et poussaient de grands cris », et « se moquaient de lui ». Pensez à l'effet produit sur Jaïrus ! Pensez à ce que pouvait pour lui la foi, dans un cas aussi désespéré ! Chaque nouvelle circonstance lui inspirait de nouvelles angoisses, quel espoir pouvait-il avoir en dehors de sa foi ? « Ne crains pas, crois seulement », lui avait dit Jésus.

Sa grande foi

« Ma petite fille est à l'extrémité ; viens, impose-lui les mains, *afin qu'elle soit sauvée et qu'elle vive.* » Jaïrus savait que tout secours humain était inutile et pourtant il avait la ferme assurance que Jésus pouvait la guérir instantanément au seul contact de sa main. Il croyait aussi que Jésus consentirait à l'accompagner au chevet de sa fille mourante, et ce qu'il disait à Jésus était l'expression de sa grande foi.

Sa plus grande foi

1. Tandis que le retard imposé à Jésus par la présence de la femme malade aurait dû être un sujet de trouble pour Jaïrus, quelle bénédiction ne lui apporta pas cette parole : « Ma fille, ta *foi* t'a sauvée ; va en paix, et sois guérie de ton mal. » Ce lui fut au contraire une démonstration de la puissance de la foi. Il fut témoin de la transformation opérée chez cette

femme par la foi. Elle pouvait s'en aller en paix, à cause de sa foi. Réfléchissez au sentiment de paix que pouvait lui inspirer cette foi.

2. « Ta fille est morte... », quel coup terrible pour Jaïrus ? Tout espoir était-il perdu ? À quel moment précis arriva cette nouvelle ? « *Comme il parlait encore*, survinrent de chez le chef de la synagogue des gens... » Notez la relation étroite entre le verset 35 et le verset 34. La nouvelle n'arriva pas avant que Jésus n'ait dit à la femme : « Ma fille, *ta foi* t'a sauvée ; va *en paix...* » N'apercevez-vous pas combien ces deux miracles sont liés l'un à l'autre ?

3. « Pourquoi importuner davantage le maître ? Quoi de plus décourageant ? Mais pensez à la parole de Jésus : « Ne crains point, crois seulement. » C'est donc armé de sa foi première, à laquelle s'était jointe la foi de la femme, puis le « ne crains point, crois seulement », que Jaïrus avança aux côtés de Jésus, tandis que sa foi personnelle se fortifiait de plus en plus.

Jésus dit à la petite fille étendue sur son lit de mort : « Jeune fille, lève-toi, je te le dis. » Et pourquoi le dit-Il ? À cause de la foi qui subsistait au fond du cœur de Jaïrus.

La puissance de la foi

J'espère que vous vous êtes rendu compte à nouveau, au cours de l'étude de cette leçon, du rôle primordial de la foi dans la manière dont Jésus manifestait sa puissance. Lisez avec soin les passages suivants : Mc 1.40 ; 2.5 ; 7.28,29 ; 9.23 ; 10.52 ; Lu 7.50 ; 17.19. Ces versets souligneront pour vous l'importance de la foi.

Considérez maintenant ce qui se passa à Nazareth (Mc 6.1-6), en notant spécialement les versets 5 et 6. Quel contraste entre la foi et le manque de foi, en ce qui concerne la manifestation de la puissance de Jésus !

Application

J'espère que votre étude de l'Évangile de Marc aboutira à rendre plus forte votre foi dans le Maître. Nous pouvons participer à sa puissance pourvu que nous ayons *foi en Lui.*

Onzième leçon

(chapitre 6)

Ministère de Jésus auprès des foules

Rien ne vous est plus familier que le miracle de Jésus nourrissant cinq mille personnes et, à cause de cela, vous croyez pouvoir vous dispenser d'une étude personnelle. Or il faut dire une chose, c'est que les *faits* seuls vous sont familiers, mais connaissez-vous le véritable but de Jésus en accomplissant ce miracle ? Connaissez-vous bien l'*enseignement précis* qui est contenu dans cet acte ? On lit et on étudie la Bible beaucoup trop à la surface et l'on passe à côté de ce qui est au cœur même du sujet, Il s'agit de creuser profondément, car c'est dans les profondeurs que l'or se rencontre.

Voici pourquoi je réclame de vous une étude toute nouvelle de Marc 6.30-44. Quel était le but de Jésus en nourrissant les cinq mille ? Jésus Lui-même rend compte de ses intentions. Découvrez-les, et que cela serve ensuite de point central à votre étude. Classez vos découvertes et considérez la part de chaque événement dans l'ensemble. Le temps que vous y passerez contribuera à la récompense de vos efforts.

Jésus et la multitude

Voyons maintenant si vous avez travaillé votre sujet en relation avec le but central de Jésus. Nous nous y emploierons jusqu'à ce que nous ayons atteint notre objectif. Vous avez été impressionné par l'amour que Jésus témoignait à la multitude : « Venez à l'écart dans un lieu désert, et reposez-vous un peu. » Jésus avait besoin, autant que ses disciples, de détente et de repos. C'est en vue de cela qu'Il les fit s'embarquer pour atteindre un lieu désert à l'abri de la multitude. Hélas ! quand ils se trouvèrent sur l'autre bord, une foule immense L'attendait là.

Soyez assuré que cette vue déplut fort aux disciples, mais quelle fut l'attitude de Jésus en présence de cette multitude ? Il « *fut ému de compassion pour eux*, parce qu'ils étaient comme des brebis qui n'ont point de berger... et comment manifesta-t-Il sa compassion ? Matthieu nous le dit : « Il guérit les malades » (Mt 14.14). Ceci nous ramène à Marc 3.7-12, où il nous est montré comment Jésus manifestait sa compassion envers les grandes foules qui se pressaient autour de lui.

Et non seulement Jésus guérit leurs malades, mais Marc nous dit qu' « il se mit à leur enseigner beaucoup de choses ». Contrairement à ceux dont la profession était d'enseigner une religion formaliste, ces gens doivent avoir eu réellement faim de vérités spirituelles. Jésus savait qu'ils étaient « des brebis qui n'ont point de berger ». Si seulement nous avions été de ceux qui L'avaient entendu parler ! Ces guérisons et cet enseignement avaient occupé tout son temps, depuis grand matin jusque tard dans l'après-midi. Comme Jésus devait être fatigué ! Pensez que l'après-midi du jour précédent, Il avait fui la foule pour avoir un moment de repos, mais Il était « ému de compassion pour eux » et avait donné à cette compassion une expression aussi réelle que sincère. Rien ne Lui coûtait pour oublier tout ce qui Le concernait personnellement.

Les disciples et la multitude

Quelle fut l'attitude des disciples envers cette foule ?
« Comme l'heure était déjà avancée, ses disciples s'approchèrent de lui, et dirent : Ce lieu est désert, et l'heure est déjà avancée ; *renvoie-les...* » Ils étaient las d'avoir sans cesse cette foule autour d'eux et le plus tôt ils en seraient délivrés le mieux ce serait. Et, pour justifier le renvoi de cette multitude, ils s'écriaient : « Renvoie-les, afin qu'ils aillent dans les campagnes et dans les villages des environs, pour s'acheter de quoi manger.» Ils ne voyaient pas que Jésus pouvait rendre nul un argument de cette importance !

Que répondit Jésus ? « Donnez-leur vous-mêmes à manger.» Cette parole nous place au cœur même de l'enseignement que Jésus voulait donner. Jusqu'à maintenant, nous avons considéré le fait de nourrir cinq mille personnes comme une importante manifestation de la puissance de Jésus, et c'est vrai. Était-ce pourtant là sa principale préoccupation ? Ce sont les disciples et non pas Jésus qui avaient soulevé la question de nourrir cette multitude affamée, aussi Jésus ne leur dit-Il pas qu'étant donnée sa puissance infinie, Il ferait Lui-même le nécessaire, mais Il s'écrie : « Donnez-leur *vous-mêmes* à manger.» Par cette parole, Jésus fait passer sur eux la responsabilité de nourrir ces affamés et Il s'exprime ainsi après avoir été témoin de leur attitude peu bienveillante envers la foule. Alors que Jésus, pendant cette longue journée, avait oublié tout ce qui concernait sa personne, ses disciples avaient voulu faire passer leurs intérêts au premier plan.

Ces considérations nous obligent à revenir aux versets 7-13 et 30. Jésus les avait envoyé faire une tournée missionnaire et, à leur retour, ils avaient parlé de leurs succès. Pour vous rendre compte à quel point l'égoïsme faisait partie de leur mentalité, lisez Marc 9.33,34 ; 10.35-37. Jésus savait tout cela, aussi voulut-Il les mettre à l'épreuve et, les voyant mettre en avant leurs intérêts de préférence à ceux de la foule, Il fit appel à leurs capacités.

Le sens de la responsabilité

Les disciples acceptèrent-ils cette responsabilité ? Voyez plutôt comment ils essayèrent de l'éluder : « Irions-nous acheter des pains pour deux cents deniers, et leur donnerions-nous à manger ? » C'était avouer que les moyens leur faisaient défaut et, l'enquête qu'ils firent sur place aboutit à trouver seulement cinq pains et deux poissons. Quelles bonnes excuses ils avaient pour ne pas accepter cette responsabilité !

Et cependant, comment firent-ils face à cette responsabilité, sinon en faisant bénir par Jésus le peu qu'ils avaient ? Vous avez remarqué le rôle important joué par les disciples pour donner à manger à la foule. D'abord, ils furent chargés de diviser ces gens par rangées de cent et de cinquante, puis, après que Jésus eût béni les pains, c'est à eux qu'Il les remit pour être distribués à chacun dans la multitude. Que pouvaient-ils faire de plus ? Ils exercèrent jusqu'au bout les fonctions que Jésus leur avait confiées et cela d'une manière si complète qu'ils rapportèrent « douze paniers pleins » des morceaux qui restaient. Par eux-mêmes, ils eussent été incapables de remplir leur tâche, mais, étant donnée la bénédiction constante dont Jésus accompagnait leur maigre apport, ils firent profiter de cette bénédiction une foule immense de gens affamés.

Ce qui concernait Jésus

La question de savoir si Jésus fit face à la responsabilité que son Père avait placée sur Lui nous amènera au point culminant de tous ces événements. Quel fut son point de vue *personnel* une fois le miracle accompli ? Vous avez déjà trouvé la réponse dans les versets 45 et 46, mais Jean 6.15 nous la fera voir plus complètement : « Et Jésus, sachant qu'ils allaient *l'enlever pour le faire roi*, se retira de nouveau sur la montagne, lui seul. »

C'est à cause de l'enseignement de Jésus et de sa merveilleuse puissance que la foule avait pris la détermination de proclamer sa royauté. C'est à cela qu'ils aspiraient, et certainement ce projet avait pris consistance pendant la journée pour être exalté à l'occasion du miracle.

Comme ses desseins étaient contraires au but spirituel que se proposait Jésus ! N'avait-Il pas, comme objectif suprême, de s'offrir en sacrifice pour accomplir un glorieux salut ? *Son absolue loyauté envers ce but d'ordre spirituel* nous est révélée ici-même de trois manières différentes :

1. Il renvoya les douze. La foule aurait influencé leur détermination de faire Jésus roi, mais Jésus leur permit ainsi d'échapper à cette tentation.

2. Il renvoya la foule. C'était leur enlever toute occasion de réaliser leur dessein bien arrêté.

3. « Il s'en alla sur la montagne, pour prier. » Quelle terrible tentation la foule avait placée devant Jésus ! Satan était à l'origine de tout cela (Cf. Mt 4.8-10). C'est donc pour fortifier en Lui ses desseins d'ordre spirituel, à savoir de s'offrir en sacrifice, que Jésus employa plusieurs heures à prier son Père. Après cela, Il fit face résolument à Jérusalem et ne s'en départit point que, sur la Croix, Il ne se fût écrié : « Tout est accompli. » (Jn 19.30).

Application

Vous rendez-vous bien compte des responsabilités que Dieu a placées sur vous au foyer, dans la localité où vous habitez, dans le groupe que vous instruisez ? N'existe-t-il

Étude personnelle

pas des affamés à qui vous devez dispenser le pain de vie ? Allez-vous éluder cette responsabilité sous prétexte que vous n'êtes pas capable d'y faire face ? Il est vrai que, par vous-même, cela vous est totalement impossible, cependant, avec la bénédiction constante de Jésus, vous accomplirez joyeusement et avec succès ce qu'Il vous demande de faire. Réfléchissez à cela. Mettez en pratique ce que vous venez d'apprendre.

Douzième leçon

(chapitre 7)

Ministère de Jésus auprès des Juifs et des Gentils

« Jésus lui dit : Laisse d'abord les enfants se rassasier ; car il n'est pas bien de prendre le pain des enfants, et de le jeter aux petits chiens. » Telle fut la réponse du Christ à la femme syro-phénicienne qui Lui demandait de chasser le démon hors de sa fille. Ne sont-ce pas là des mots blessants, cruels même ? Comment les concilier avec l'invitation : « Venez à moi, vous tous qui êtes fatigués et chargés, et je vous donnerai du repos » (Mt 11.28) ?

Cette question vous incitera à étudier de très près Marc 7.24-30, le passage qui sert de base à notre leçon. Ensuite, vous considérerez Matthieu 15.21-28, qui donne un récit plus complet des mêmes événements. Pourquoi cette attitude de Jésus envers cette syro-phénicienne ? Quel était son but ? Ce but fut-il atteint ? Que nous révèlent ces faits au sujet de Jésus ? Ces questions vous obligeront à réfléchir, mais vous commencez à saisir toute la valeur d'une étude vraiment personnelle.

La retraite de Jésus

Prenons comme base le récit plus complet de Matthieu 15.21-28 : « Jésus, étant parti de là, se retira dans le territoire de Tyr et de Sidon. » C'est ici le seul cas, rapporté par les Évangiles, de Jésus quittant son propre pays. Il y a à cela deux raisons. Il avait été rejeté par ses compatriotes. On regardait à Lui pour ses miracles, on Le suivait par curiosité et pour des motifs d'ordre matériel, mais sa mission d'ordre spirituel restait incomprise. Ainsi Jésus accomplit cette retraite en vue d'instruire ses disciples en prévision de sa mort et de sa résurrection prochaines. À cette période de son ministère, c'était là son rôle le plus important.

Le vrai but de Jésus

C'est pendant cette période de retraite qu'une femme cananéenne, ou syro-phénicienne, vint trouver Jésus. Vous avez déjà vu ce que fut sa première attitude envers cette femme :

1. « Il ne lui répondit pas un mot (Mt 15.23).
2. « Je n'ai été envoyé qu'aux brebis perdues de la maison d'Israël (verset 24). Elle était païenne.
3. « Il n'est pas bon de prendre le pain des enfants et de le jeter aux petits chiens (verset 26 et Mc 7.27).

Je ne suis nullement étonné que ces paroles de Jésus vous aient, au premier abord, surpris, mais, dès que vous avez pu découvrir quelles étaient les intentions de Jésus, la lumière a commencé à se faire sur l'ensemble des circonstances. Vous vous êtes rendu compte que Jésus désirait éprouver cette femme dans le but de fortifier sa foi. Dès qu'Il la vit, Il avait eu d'abondantes preuves de l'existence de cette foi, mais Il avait voulu voir cette foi prendre de plus en plus de force avant d'accéder à sa requête et, s'Il avait agi ainsi, c'est en sachant que, plus grande serait la foi, plus grande serait la bénédiction reçue. Peu de foi, peu de bénédictions, beaucoup de foi, beaucoup de bénédictions.

La foi de la femme

Examinons les preuves qui nous sont données de cette foi au cours de son développement :

1. La femme croyait que Jésus pouvait et voulait guérir sa fille. Elle le croyait quand bien même elle n'avait jamais vu Jésus auparavant. Elle avait entendu parler de Lui et des miracles qu'Il avait accomplis en Galilée et cela l'avait amenée à croire que cette même puissance pourrait s'exercer sur le territoire de Tyr et de Sidon. Son désir évident était que Jésus vint dans la contrée où elle habitait.

2. Elle croyait que Jésus guérirait sa fille quand bien même c'était une païenne. Elle connaissait pourtant le grand mépris que les Juifs éprouvaient à l'égard des gentils, et elle en eut la preuve quand « ses disciples s'approchèrent, et lui dirent avec instance : Renvoie-la... », puis quand Jésus répondit : « Je n'ai été envoyé qu'aux brebis perdues de la maison d'Israël » (Mt 15.23,24). Elle était familiarisée avec la dureté que les Juifs témoignaient aux gentils et pourtant ? elle croyait quand même que Jésus, bien que juif Lui-même, guérirait la fille d'une païenne. N'était-ce pas là de la foi ?

3. Elle croyait que Jésus guérirait sa fille quand bien même Il hésitait à répondre. Quand « Il ne lui répondit pas un mot » s'en alla-t-elle ? Quand les disciples « lui dirent avec instance : Renvoie-la... » les quittat-elle ? Quand Jésus lui dit : « Je n'ai été envoyé qu'aux brebis perdues de la maison d'Israël », retira-t-elle sa demande ? Bien plus, quand Jésus s'écria : « Il n'est pas bon de prendre le pain des enfants, et de le jeter aux petits chiens », s'enfuit-elle de désespoir ? Elle savait bien que les Juifs traitaient les gentils comme des chiens, se croyant eux-mêmes les favoris de Dieu, et pourtant, elle persistait dans sa volonté d'être bénie. N'était-ce pas là de la foi en développement normal ?

4. Elle croyait que Jésus guérirait sa fille, même à distance. Jaïrus avait accompli un long trajet pour rencontrer Jésus et Lui avait adressé « cette instante prière : Ma petite fille est à l'extrémité ; *viens*, impose-lui les mains, afin qu'elle soit sauvée et qu'elle vive. Jésus s'en alla avec lui », tandis que cette femme ne dit pas à Jésus de venir chez elle pour guérir sa fille, mais elle Lui demanda de la guérir à une assez grande distance.

Est-il étonnant, après cela, que Jésus ait dit à cette femme : « Femme, ta foi est grande... » (Mt 15.28) ?

Pourquoi cette foi

Nous avons déjà vu une des causes de la foi de cette femme dans l'épreuve à laquelle Jésus l'avait soumise. Était-ce bien la seule ? Lorsque Jésus lui dit : « Il n'est pas bien de prendre le pain des enfants, et de le jeter aux petits chiens », sa répartie vous a impressionné : « Oui, Seigneur, lui répondit-elle, mais les petits chiens, sous la table, mangent les miettes des enfants. » En cela, elle admettait qu'elle était une païenne et qu'aux yeux des Juifs, elle passait au rang des chiens. Bien loin de s'estimer aussi bonne que les Juifs, une miette de pain était tout ce qu'elle demandait. N'était-ce pas là une preuve d'*humilité sincère* ?

Cette humilité constituait l'une des raisons pour lesquelles elle ne désirait pas que Jésus vînt sous son toit. Et c'est cette humilité qui lui permit de se rendre compte à quel point elle avait *besoin du secours* de Jésus. Elle savait que rien au monde ne servirait à guérir sa fille, et c'est ainsi que son humilité lui montra la *puissance* de Jésus. N'en fut-il pas de même de Jean-Baptiste ? Quand il voulut présenter Jésus à la foule, il dit : « Voici l'agneau de Dieu, qui ôte le péché du monde... Et j'ai vu, et j'ai rendu témoignage qu'il est le Fils de Dieu » (Jn 1.29-34). N'était-ce pas une preuve de *foi authentique* ? N'avait-il pas dit auparavant : « Je ne suis par digne de délier la courroie de ses souliers » ? Plus tard, quand les disciples de Jean voulurent le rendre jaloux de la grande popularité dont jouissait Jésus, ne s'écriat-il pas : « Il faut qu'il croisse, et que *je diminue* » (Jn 3.30) ? Il existe sans aucun doute une relation étroite entre l'humilité et la foi. »

Autre exemple frappant

En lisant Matthieu 8.5-13, vous trouverez un autre exemple de l'attitude de Jésus envers un païen et un exemple aussi frappant de foi et d'humilité.

Jésus dit à la cananéenne : « Femme, ta foi est grande... », mais Il avait dit à la foule en parlant du centenier : « *Même en Israël,* je n'ai pas trouvé une aussi grande foi.* » Quand nous nous rendons compte des aptitudes que les Juifs avaient à croire en qualité d'enfants d'Abraham, nous pourrions nous étonner de voir une aussi grande foi chez un païen !

Et pourquoi en était-il ainsi ? Les Juifs s'enorgueillissaient du fait d'avoir été choisis par Dieu parmi toutes les nations et, de ce fait, leur religion était devenue tout *extérieure, formaliste* et *cérémonielle.* Cette religion ne pénétrait pas au fond de leur cœur et ne changeait pas leur vie. Ils avaient bien les lois et les principes de vie spirituelle laissés par Moïse et par les prophètes, mais l'interprétation qu'ils en donnaient était purement superficielle. Lisez Matthieu 12.9-14 ; 23.2-7,25-28. La foi pouvait-elle exister en eux ? Ils étaient fiers de leur titre de Juifs, fiers de leur orthodoxie et c'est ce qui tuait la foi en eux.

Application

De quel côté sommes-nous placés ? De celui de la cananéenne et du centenier, ou de celui des Juifs ? Notre foi constitue-t-elle une réalité de tous les jours ? Si cela n'est pas, est-ce chez nous un manque d'humilité, ou bien serions-nous orgueilleux de notre orthodoxie parce que notre religion est étroite, extérieure, formaliste ? Autant de questions auxquelles nous devons chercher la réponse au fond de notre cœur. La foi, une foi croissante, telle est bien la bénédiction à laquelle nous aspirons et elle ne peut avoir ses racines que dans l'*humilité vraie.*

Treizième leçon
(8.1 à 9.1)

Jésus exige une loyale confession

« Si quelqu'un veut venir après moi, qu'il renonce à lui-même, qu'il se charge de sa croix, et qu'il me suive » (8.34). Cette vérité a-t-elle pénétré profondément dans votre esprit et dans votre cœur ? Cette question devrait attirer votre attention au cours de cette étude, car elle exprime la pensée centrale de notre leçon. Le thème des passages 7.24 à 8.30 est « la retraite de Jésus ». Six faits différents nous sont rapportés au cours de cette section et, dans chacun d'entre eux, les douze apôtres jouent un rôle primordial. La raison qu'il faut en donner est dans le but qu'avait Jésus de fortifier la foi de ses disciples en les préparant à la confession de 8.27-30, puisque l'annonce de sa mort prochaine (8.31-38) devait suivre immédiatement cette confession de leur foi.

Étude personnelle

Vous êtes prêt maintenant à étudier 8.27-38. J'estime que cette section comprend deux divisions :
1. Les résultats du ministère de Jésus (8.27-30).
2. L'annonce de son sacrifice (8.31-38).

Ceci dit pour vous guider, mais laissez-moi encore vous suggérer les idées suivantes :

1. (Versets 27-30). Pourquoi Jésus attachait-Il une si grande importance à ces questions posées à ses disciples ? Que pensez-vous de l'incrédulité de la multitude ? Réfléchissez à cela à la lumière de ce qu'avait été le ministère de Jésus (1.14 à 8.26) et réfléchissez à l'occasion qui leur était donnée de voir et d'entendre Jésus. Comment, alors, vous expliquer le contraste entre la foi des douze et l'incrédulité de la foule ?

2. (Versets 31 à 38). Pourquoi Jésus a-t-Il annoncé sa mort prochaine ? Comment vous expliquez-vous cela ? Pourquoi Pierre et les autres disciples manifestèrent-ils une telle opposition ? Pourquoi la réponse de Jésus fut-elle si sévère ? Quelle est la relation entre les versets 31-33 et 34-38 ?

Votre étude personnelle vous aura préparé en vue d'un développement précis à donner au message contenu dans cette leçon.

L'incrédulité de la foule

1. « Qui dit-on que je suis ? Ils répondirent : Jean-Baptiste ; les autres, Élie ; les autres, l'un des prophète. » Quelle n'était pas la célébrité de Jésus ! Lisez 6.14-16. Combien leur opinion de Jésus était meilleure que celle qu'avaient de Lui les pharisiens !

2. Pourquoi Le considéraient-ils seulement comme un homme célèbre ? C'était là leur incrédulité ; ils ne voulaient pas voir en Lui le Messie, le Fils de Dieu.

a) Ils ne savaient apprécier les *vérités spirituelles* annoncées par Jésus. Ils voulaient bien être guéris, nourris, voir les effets de sa toute-puissance, mais ils ne voulaient pas accepter le message dans sa profondeur. Rappelez-vous comment Jésus s'était mis à part en enseignant les douze au moyen de paraboles (4.33,34). Voyez combien de gens s'étaient détournés de Lui après l'enseignement spirituel qui nous est rapporté dans Jean 6.22-65. Voyez en particulier les versets 66 à 69.

b) Jésus ne pouvait se rendre à leur intention, aussi égoïste qu'orgueilleuse, de Le faire roi, Jérusalem. devenant ainsi le centre du monde. Lisez Jean 6.15 ; 18.36. Ils auraient aimé devenir le peuple le plus fier, le plus riche, du monde entier !

Examinez cette attitude en face de tout ce que Jésus avait fait ! Hélas ! la même incrédulité touchant la divinité de Jésus est vraie de beaucoup d'entre nos contemporains. Combien ne devons-nous pas Lui être reconnaissants d'avoir mis dans nos cœurs la volonté de croire en Lui comme étant réellement le Fils de Dieu !

La foi des douze

« Et vous..., qui dites-vous que je suis ? » et Matthieu nous rapporte ainsi la réponse : « Tu es le Christ, le Fils du Dieu vivant » (16.16). Il est évident que ce témoignage de Pierre aurait exprimé tout aussi bien la foi de tous les douze, excepté Judas (Jn 6.70,71).

1. Comment nous expliquer cette foi en regard de l'incrédulité de la multitude ? Vous vous rappelez ce que Jésus leur avait dit lors de leur vocation et que l'évangéliste résume ainsi : « Il en établit douze, *pour les avoir avec lui...* » (3.14). Il s'agit bien de leur contact avec Lui pendant les mois qui avaient précédé. Ils étaient demeurés jour et nuit en sa présence au cours de ses déplacements et l'intimité entre Lui et eux s'était accrue.

2. Vous vous rappelez aussi les périodes de mise à part (3.7-35) ; *d'instruction* (4.1 à 6.6) ; *d'évangélisation* (6.7 à 7.23) ; enfin de *retraite* (7.24 à 8.30). Les disciples n'étaient-

ils pas le centre de ses préoccupations lorsqu'Il voulait développer en eux la foi au « Fils du Dieu vivant » ?

Première annonce de sa mort

Vous n'avez pas oublié que nous avons intitulé la troisième division de l'Évangile de Marc : le sacrifice du puissant Serviteur (8.31 à 16.20) [1]. Cette troisième division commence immédiatement après la confession de la foi des disciples (8.29,30) et Jésus annonce sa mort pour la première fois aussitôt après (8.31). Jésus avait eu à la pensée et au cœur de le faire dès les premières heures de son ministère, mais Il ne voulut pas mettre ce dessein à exécution avant que les douze n'eussent confessé qu'Il était le Fils de Dieu.

Veuillez étudier maintenant le verset 31. Vous vous arrêterez sur chacune de ces expressions « il fallait », « souffrît », « beaucoup », « rejeté », « mis à mort », « ressuscitât ». Vous avez rencontré ces termes à plus d'une reprise dans vos lectures, mais méditez-les cette fois-ci comme exprimant des choses annoncées par le Christ. Méditez-les aussi avec la pensée de la certitude qui s'était emparée de Lui plusieurs mois, plusieurs années même avant les événements de la croix.

Pour vous rendre compte à quel point la perspective de son sacrifice s'offrait à Lui, lisez Marc 9.9,30,31 ; 10.1,17,32,33,46 ; 11.1. Est-il étonnant que nous ayons intitulé 8.31 à 16.20 « le sacrifice du puissant Serviteur » ?

Pierre reprend Jésus

« Et Pierre, l'ayant pris à part, se mit à le reprendre », et Matthieu ajoute : « À Dieu ne plaise, Seigneur ! Cela ne t'arrivera pas » (16.22). Pierre croyait que Jésus était bien

---

1. Voir p. 171.

le Fils de Dieu, mais il ne pouvait se faire à l'idée de sa mort. Pour lui, c'était comme l'échec du ministère de son Maître. Considérons maintenant la réprimande de Jésus. 1. Ce que Pierre disait lui avait été suggéré par Satan. « Arrière de moi, Satan ! » Vous savez l'ardeur que Satan avait mise à tenter Jésus au sujet de sa mort dès les débuts de son ministère. Relisez Matthieu 4.8,9. Satan avait persisté pendant tout le cours de la vie de Jésus et le moment était venu d'insister. Quelle aide cela aurait été pour Satan que le concours de Pierre et des douze ? Nous avons déjà fait allusion au fait que le désir de la foule de faire Jésus roi n'était que la conséquence d'une ruse satanique (Jn 6.15). Lisez Luc 22.28.

2. La croix était conforme à la volonté de Dieu : « Tu ne conçois pas les choses de Dieu... » Considérez encore les premiers mots : « Il fallait que le Fils de l'homme souffrit beaucoup... » et aussi 9.31 et 10.33 : « Le Fils de l'homme sera livré entre les mains des hommes... » L'heure était venue où les desseins éternels de Dieu allaient se réaliser. Lisez avec beaucoup de réflexion Ge 3.15 ; 22.13-18 et Jn 8.56 ; Ex 12.1-8 et Mc 14.22-25 ; No 21.4-9 et Jean 3.14,15 ; Lé 17.11 ; És 53.1-12. Comme l'Ancien Testament est rempli d'allusions au plan éternel de Dieu tel que Jésus était en train de le réaliser ! Or nous n'avons fait que mentionner quatre ou cinq promesses.

Conditions exigées d'un disciple

Dans les versets 34 à 38, Jésus énumère, en relation avec sa mort prochaine ? les conditions à observer par ses disciples. Pierre s'était révolté à la pensée de cette mort et Jésus lui répondit, ainsi qu'à tous les disciples : « Si quelqu'un veut venir après moi, qu'il renonce à lui-même, qu'il se charge de sa croix, et qu'il me suive. »

1. « Qu'il renonce à lui-même... » Jésus veut dire ici qu'un disciple doit refuser à *son moi* la direction de sa vie. Tant qu'un homme n'est pas devenu chrétien, le *moi* est son maître, mais, dès qu'il se convertit, il fait de Jésus son Maître et son Seigneur. Suivre le Christ implique donc le *renoncement à soi*. Rappelez-vous comment Jéhovah avait lutté avec Jacob toute une nuit dans le but même de tuer sa volonté propre (Ge 32.22-31). Ce fut là le grand tournant de la vie de Jacob car, sans l'anéantissement de sa propre personnalité, Jacob n'aurait jamais pu accomplir la grande œuvre que Dieu lui confia.

2. « Qu'il se charge de sa croix... » Cela ne consiste pas à savoir supporter quelque sujet d'irritation grand ou petit, quelque fardeau, ou quelque détresse, mais dans le renoncement à soi, même au prix de sa vie. Il faut que le disciple marche à la suite du Christ dans la voie du renoncement et de la mort à soi-même. Lisez avec le plus grand soin Luc 14.27-35.

Conséquences pour les disciples

Dans les versets 35 et 36, Jésus insiste sur les résultats, pour les disciples, de l'observation de certaines conditions. Lisez très attentivement ces versets. Le sacrifice exigible de tout disciple a pour résultat une vie plus riche et plus large, qui lui permette de jouir de tout ce qui est digne de la seule vie véritable. Au contraire, le fait de perdre cette vie plus complète, pour jouir du péché offert par le monde, serait pure folie, car « que sert-il à un homme de gagner tout le monde s'il perd son âme ?

Les versets 37 et 38 nous font assister à la ruine finale de l'homme qui refuse de prendre sa croix et de suivre le Christ, refus devant entraîner sa condamnation quand le Roi apparaîtra dans sa gloire suprême. Jusque-là, Jésus n'avait fait que parler de sa mort, mais ici, Il insiste sur son retour glorieux et sur la honte qu'Il éprouvera à la vue de ceux qui auront refusé de Le suivre.

« Il leur dit encore : Je vous le dis en vérité, quelques-uns de ceux qui sont ici ne mourront point, qu'ils n'aient vu le royaume de Dieu venir avec puissance » (9.1). Nous avons ici la marque de la confiance éprouvée par Jésus dans la foi de ses disciples, quand bien même elle était alors ébranlée à la nouvelle de sa mort prochaine. Cette promesse trouva son accomplissement le jour de la Pentecôte quand le Saint-Esprit descendit sur eux dans toute sa puissance, mais à plus forte raison le trouvera-t-elle lors du retour glorieux de Jésus Lui-même.

Application

Méditez sur l'importance que revêt pour nous la mort de Jésus. Pensez ensuite à ce que le fait de cette mort exige que nous fassions. « Si quelqu'un veut venir après moi, qu'il renonce à lui-même, qu'il se charge de sa croix, et qu'il me suive. » Est-ce bien là notre attitude de chaque jour ? Si oui, il en résulte pour nous une vie plus riche et plus large.

Quatorzième leçon
(9.2-29)

La transfiguration

Nous avons à étudier l'un des plus grands faits rapportés par la Bible et nous hésiterions facilement à l'approfondir. Cependant, Dieu a voulu que cet événement nous fût rapporté par trois récits, tellement Il avait à cœur que les grandes vérités qui y sont contenues pénétrassent profondément dans notre esprit et dans notre cœur. N'oubliez pas non plus que l'Auteur même de cet événement n'est autre que Celui dont la fonction est de nous instruire. C'est le Saint-Esprit qui a rendu Matthieu, Marc et Luc capable de nous décrire la transfiguration. Il se tient aussi près de nous qu'Il se tenait près de ces trois évangélistes et Il nous découvrira à nous-mêmes les faits, pour peu que nous voulions regarder à Lui comme à notre Instructeur. Il « vous enseignera toutes choses », « il vous conduira dans toute la vérité » (Jn 14.26 ; 16.13), tels sont les propres termes employés par Jésus pour désigner l'aide que le Saint-Esprit devait nous apporter.

Étude personnelle

N'oubliez pas non plus que la transfiguration est la suite immédiate de Marc 8.27-38, à savoir le passage que vous avez étudié la semaine dernière. Il sera donc nécessaire que vous ayez constamment en vue cette précédente leçon pour préparer votre étude de 9.2-8, en répondant aux questions suivantes :

1. À quel besoin spécial ce grand événement avait-il pour but de répondre ? Quelles en sont les preuves ?
2. Que signifie chacun des trois faits dont se compose la transfiguration ?
3. Quel était le sens de chacun aux yeux des trois disciples ?
4. Que signifie la recommandation de Jésus (verset 9) ?
5. Revenez encore à 8.27-38 pour vous rendre compte de la relation étroite qui existe entre les deux faits rapportés.

La transfiguration et les disciples

Vous avez pu découvrir que Pierre, Jacques et Jean étaient particulièrement visés dans notre récit de la transfiguration :

1. « Il les conduisit seuls à l'écart sur une haute montagne. Il fut transfiguré *devant eux...* » (verset 2).
2. « Élie et Moïse leur apparurent... » (verset 4)
3. Les paroles de Pierre (versets 5 et 6) vous feront mieux apprécier le rôle des trois disciples.
4. Une nuée vint *les* couvrir, et de la nuée sortit une voix : Celui-ci est mon Fils bien-aimé : écoutez-le ! »

Pourquoi ces trois disciples ont-ils joué le premier rôle au cours de cet événement ? Vous avez déjà trouvé la réponse. Le passage 8.27-33 vous aura montré les disciples confessant que Jésus était le Fils de Dieu et, dès l'annonce de sa mort prochaine, la protestation de Pierre et des autres. Cette déclaration heurtait jusqu'au fond la foi qui était la leur. Si Jésus était bien le Fils de Dieu, comment alors s'expliquer son prochain sacrifice étant mis à mort par les mains des principaux sacrificateurs et des scribes ? L'esprit de Pierre était obsédé à cette pensée. Il fallait donc aux disciples une foi plus forte *en prévision de la Croix*. « Six jours après, Jésus prit avec lui Pierre, Jacques et Jean, et *il les conduisit* seuls à l'écart sur une haute montagne. Il fut transfiguré *devant eux*. » Jésus avait donc pris la résolution de les amener au sommet de cette montagne pour leur donner, malgré la prévision de sa mort, la preuve évidente qu'Il était le Fils de Dieu.

Si nous considérions le récit de la transfiguration d'après Luc, nous nous rendrions compte de l'influence exercée par cet événement sur Jésus et sur sa persévérance à suivre jusqu'au bout le chemin du calvaire. Luc insistant sur le *côté humain* de la personne de Jésus, il est naturel qu'il nous présente la transfiguration du point de vue de Jésus, aussi ne fait-il pas précéder le récit de la transfiguration d'un rapport sur la manière dont la foi des disciples avait été heurtée par l'annonce de sa mort prochaine. Lisez plutôt Luc 9.18-36. Les deux récit sont également exacts, mais chacun se place à un point de vue un peu différent.

Le témoignage de la gloire

« Ses vêtements devinrent resplendissants, et d'une telle blancheur, qu'il n'est pas de foulon sur la terre qui puisse blanchir ainsi. » Comparez avec Mt 17.2 et Luc 9.29. Il nous est difficile de le comprendre, mais nous pouvons dire que la gloire qui caractérisait Jésus avait dépassé les limites de son être intérieur et resplendissait au dehors, en sorte que sa figure et même ses vêtements étaient devenus brillants. C'était un phénomène que ni même Moïse (Exode 34.29-35), ni Élie (2 R 2.11,12) n'avaient expérimenté, tellement c'était une caractéristique de la divinité du Fils.

Saint Paul s'exprime ainsi : « Ayez en vous les sentiments qui étaient en Jésus-Christ, lequel, existant en forme de Dieu, n'a point regardé comme une proie à arracher d'être égal avec Dieu, mais *s'est dépouillé lui même*, en prenant une forme de serviteur, en devenant semblable aux hommes... » (Ph 2.5-7). Tant que Jésus était sur la terre, la gloire inhérente à sa personne, la gloire que seul un Dieu pouvait avoir, demeurait cachée. Cependant, au sommet de la montagne, les disciples virent cette gloire s'extérioriser. Ils savaient que ce n'était pas un simple reflet de gloire divine. La gloire de Dieu Lui-même émanant de la personne du Fils, telle était la seule explication possible de ce que les disciples virent. N'était-ce pas là une preuve de la divinité de Jésus que personne ne pouvait éluder ?

La gloire future

Attendu que l'annonce de la mort de Jésus avait ébranlé la foi des disciples, il convient d'établir une relation entre la transfiguration et la croix. Méditez avec soin sur ce fait en rapport avec ce qui suit :

1. C'était le signe précurseur de sa gloire future. Jésus avait dit (8.38) : « Le Fils de l'homme aura aussi honte de lui, quand il viendra *dans la gloire* de son Père, avec les saints anges. » Ne peut-on pas conclure de cela que la gloire entrevue par les disciples était une démonstration de ce que devait être la gloire de Jésus dans l'avenir ?

2. Cette gloire future devait accompagner son règne universel. Lisez Ph 2.9-11 ; Ép 1.21,22 ; Ps 2.7-9.

3. Cette gloire future devait venir après la croix et comme la conséquence de cette dernière. Lisez Lu 24.26 ; 1 Pi 1.11 ; Hé 2.9 ; Ph 2.9,10 (après Ph 2.5-8, en notant la force du « c'est pourquoi ») ; Ps 22.28-30 (après Ps 22.2-22).

Le témoignage de Moïse et d'Élie

Vous avez vu que Moïse et Élie « *leur* apparurent », c'est-à-dire à Pierre, à Jacques et à Jean. Ce fait intéressait de très près les disciples et Luc nous dit qu'ils apparurent « dans la gloire » et parlèrent « de *son départ* qu'il allait accomplir à Jérusalem » (9.31). Moïse et Élie représentaient la loi et les prophètes. Ils donnaient la preuve que le fait de la mort de Jésus leur était connu, qu'ils savaient la raison de cette mort, sa nécessité, les promesses dont elle avait été le sujet. Eux-mêmes, grâce à des symboles et à des paroles prophétiques, avaient désigné d'avance l'œuvre expiatoire du Christ. Au cours de notre dernière leçon, il nous a été donné de souligner, dans l'Ancien Testament, des allusions aux souffrances futures et à la mort de Jésus. Au jour de la transfiguration, c'est de cela que Moïse et Élie entretenaient les trois disciples en leur donnant la preuve que le sacrifice de Jésus était la conséquence de l'*éternelle promesse* de Dieu le Père. Quel témoignage plus glorieux l'Ancien Testament pouvait-il rendre aux paroles de Jésus ? La confiance entière que Moïse et Élie inspiraient aux disciples devait ajouter une grande force à leur témoignage que Jésus était le Fils de Dieu, même avec la perspective de la croix.

Le témoignage du Père

« Celui-ci est mon Fils bien-aimé : écoutez-le ! » Ceci s'adressait directement aux trois disciples. Selon Marc 1.11, la première parole prononcée par le Père s'adressait directement à Jésus : « Tu es *mon Fils* bien-aimé, en *toi* j'ai mis toute mon affection. » Mais, lors de la transfiguration, c'est aux disciples que s'adressait le témoignage du Père. Considérons deux points particulièrement importants :

1. « Celui-ci est *mon Fils bien-aimé*... » N'oubliez pas que l'annonce de sa mort prochaine avait mis en question,

pour les disciples, sa divinité. Les deux ne pouvaient aller ensemble. Mais voici que trois d'entre ces disciples entendent la voix de Dieu Lui-même proclamer, avec la plus grande netteté, que Jésus était son « Fils bien-aimé ». Pierre pourrait-il désormais douter qu'Il fût Lui-même Dieu, quand bien même Il eût parlé de sa mort prochaine ?

2. « *Écoutez-le !* » Puisque Jésus est véritablement Fils de Dieu, il appartient d'écouter ses paroles et de les croire. Écouter quoi ? Précisément ce que Jésus venait de leur signifier, à savoir « que le Fils de l'homme souffrît beaucoup, qu'il fût rejeté par les anciens, par les principaux sacrificateurs et par les scribes, qu'il fût *mis à mort* et qu'il ressuscitât... » Rappelez-vous comment, à l'ouïe de ces paroles, Pierre « se mit à le reprendre, et dit : À Dieu ne plaise, Seigneur ! Cela ne t'arrivera pas. » (Mt 16.22). Et voici qu'il entend la voix même de Dieu : « Écoutez-le ! » Après avoir entendu directement les paroles de Dieu le Père, comment Pierre, Jacques et Jean pouvaient-ils douter que Jésus fût Lui-même Dieu quand bien même Il fût destiné à mourir ?

Une autre preuve évidente

Nous avons cru devoir consacrer le meilleur de notre temps à étudier la transfiguration, cependant, comme la guérison du jeune épileptique avait aussi pour but de fortifier la foi des disciples en prévision de la croix, nous en donnerons un résumé.

1. Le rôle joué par les disciples (versets 14,18,28,29).

2. La manifestation de la toute puissance de Jésus (versets 17,18,20-22,25-27).

3. La puissance de Jésus en réponse à la foi.

a) L'insuffisance de la foi chez les disciples (versets 18,19). Cette foi, naguère si grande (6.7,30), avait probablement failli depuis que Jésus avait annoncé sa mort.

de l'Évangile selon saint Marc

b) Le témoignage rendu à la foi par Jésus en présence du père de l'enfant (versets 22-24), or Jésus avait surtout en vue la foi des disciples.

c) La foi fortifiée par la prière (versets 28,29, cf. Lu 5.16,17).

Application

Vous croyez en la réalité de la mort de Jésus et cela a transformé votre vie, mais le fait de la transfiguration a-t-il fortifié votre foi ? Pouvez-vous la dire fortifiée par les preuves de la puissance de Jésus ? Votre étude de l'Évangile de Marc a-t-elle revêtu un caractère suffisamment *personnel*, pour qu'une connaissance plus intime de Jésus ait rendu cette fois plus grande ?

Quinzième leçon
(9.30-51)

Jésus condamne l'ambition égoïste

Il arrivèrent à Capernaüm. Lorsqu'il fut dans la maison, Jésus leur demanda : De quoi discutiez-vous en chemin ? Mais ils gardèrent le silence, car en chemin, ils avaient discuté entre eux pour savoir *qui était le plus grand.* » Il venait d'y avoir une vive contestation pour savoir lequel des douze aurait la première place dans ce qu'ils considéraient être le royaume de Dieu. L'orgueil avait été à la base de tous leurs arguments.

Étude personnelle

Êtes-vous prêt maintenant a étudier à fond 9.30-51 ?

1. Établissez d'abord la relation des versets 33 à 37 avec l'ensemble. Quel est le grand principe mis en avant par Jésus ?

2. Agissez ensuite de même avec les versets 30 à 32. Quel rapport existait-il entre le même principe et la mort de Jésus ?

3. Faites-le encore en prenant les versets 38 à 51. Qu'avait à faire ce principe avec des gens n'approuvant pas complètement l'œuvre accomplie par les disciples ?

L'orgueil avant tout

Vous avez vu comment Jésus avait répondu à la discussion entre les disciples pour savoir qui était le plus grand : « Si quelqu'un veut être le premier, il sera le dernier de tous et le serviteur de tous. » Jésus établissait ainsi que l'*humilité* est la base même de toute vraie grandeur. C'était exactement le contraire de l'*orgueil* tel qu'il se manifestait chez les disciples. Chacun venait de faire état de ses qualités personnelles, de ses dons et s'en réclamait pour avoir droit à la première place dans le royaume à venir. D'après leur façon de voir, l'orgueil était la source, la raison d'être de la grandeur. Telle était l'opinion du temps de Jésus, et telle elle existe encore de nos jours.

Pour vous donner une preuve de plus de cette interprétation de la grandeur par les disciples, lisez Marc 10.35-37. La mère de Jacques et de Jean (Mt 20.20,21) réclamait pour ses fils le titre le plus élevé et par conséquent, la première place dans le royaume. C'était là une preuve évidente que leurs contestations n'avaient pas cessé et qu'ils croyaient leur mère capable d'influencer Jésus en leur faveur. Or rappelez-vous que cela se passait après que Jésus leur eût enseigné ce principe : « Si quelqu'un veut être le premier, il sera le dernier de tous et le serviteur de tous. »

Et pour vous rendre compte encore à quel point l'orgueil était enraciné dans l'esprit et dans le cœur des disciples, considérez leur discussion au moment même où la Pâque était célébrée dans la chambre haute : « Il s'éleva, parmi les apôtres, une contestation : lequel d'entre eux devait être estimé le plus grand ? » (Lu 22.24). C'était la troisième fois qu'il était fait mention de leur orgueil, et ce n'était pas la dernière, puisque nous entendons dire à Pierre : « Quand tu serais pour tous une occasion de chute, *tu ne le seras jamais pour moi* » (Mt 26.33).

Humilité et orgueil

Nous assistons donc à l'effort de Jésus tendant à tuer l'orgueil dans le cœur des disciples pour introduire à sa place l'humilité : « Si quelqu'un veut être le premier, il sera le dernier de tous et le serviteur de tous. » Examinons les arguments auxquels Il eut recours pour montrer que l'humilité est la source et l'expression de toute vraie grandeur. Ceci nous ramène à Marc 9.30-32. Dans ce passage, Jésus annonce sa mort pour la seconde fois. La première fois, Pierre s'était écrié : « À Dieu ne plaise, Seigneur ! Cela ne t'arrivera pas ! » (Mt 16.22). Ces paroles s'accordaient tout à fait avec la pensée des autres disciples et ce n'était que l'expression de leurs sentiments d'orgueil. Parce qu'ils regardaient Jésus comme le Fils de Dieu, le Roi des rois, le Seigneur des seigneurs, ils ne pouvaient admettre qu'Il fût mis à mort par les chefs des prêtres et par les scribes. Ils s'attendaient à Le voir assis sur le trône de César Auguste, bien au-dessus de tout roi ou de tout empereur.

Et cependant, Jésus laissa faire volontairement les chefs des prêtres et les scribes, et marcha vers la croix. Le monde pouvait-il concevoir une plus grande preuve d'humilité ? Est-ce que cela n'était pas en parfaite harmonie avec cette parole qui peut servir de thème à tout l'Évangile de Marc : « Car le Fils de l'homme est venu, non pour être servi, mais pour servir et donner sa vie comme la rançon de plusieurs ? ». L'humilité et la grandeur s'associent pleinement sur le calvaire.

Comme une autre expression de cette pensée d'humilité dans la vie de Jésus, lisez avec la plus grande attention Jean 13.1-17. La chambre haute était un lieu tenu secret et, pour cette raison, aucun serviteur n'était là pour laver les pieds de Jésus et de ses disciples. Étant donnée la discussion survenue entre les disciples pour savoir qui était le plus grand, aucun d'eux n'était prêt à jouer l'humble rôle de serviteur et à laver même les pieds de Jésus. Aussi, voulant combattre cet esprit orgueilleux, Jésus Lui-même prit-Il l'humble place de ce serviteur pour laver les pieds de ses disciples. C'était un coup porté à leur orgueil qu'ils étaient incapables de parer. L'humilité se résout toujours en grandeur.

L'humilité d'un petit enfant

« Et il prit un petit enfant, le plaça au milieu d'eux, et, l'ayant pris dans ses bras, il leur dit : Quiconque reçoit en mon nom un de ces petits enfants me reçoit moi-même ; et quiconque me reçoit, reçoit non pas moi, mais celui qui m'a envoyé.» Un seul d'entre les douze aurait-il consenti à tenir dans ses bras un être aussi insignifiant qu'un petit enfant et à prendre ainsi la place qui échoit aux serviteurs ? (Cf. 10.13). Par contre, Jésus leur enseigna que le fait de prendre soin d'un petit enfant était en réalité une grande chose, si grande en un mot que le fait de l'accomplir au nom du Christ constituait un service rendu à sa personne. Oui, il s'agissait là de bien plus encore que dans cette parole de Jésus : « Celui qui vous reçoit me reçoit et celui qui me reçoit, reçoit celui qui m'a envoyé » (Mt 10.40). La vraie grandeur, en effet, consiste à vouloir, abaisser jusqu'à la fonction la plus humble et à servir les autres pour l'amour du Christ.

D'après Matthieu 18.1-6, Jésus se sert d'un petit enfant pour donner une double leçon d'humilité. Relisez ce passage en vous arrêtant spécialement sur les versets 3 et 4. Nous pouvons être sûrs que les disciples ne considéraient pas cet enfant comme quelqu'un d'important, mais, dans la pensée de Jésus, l'humilité de ce petit être représentait la vraie grandeur.

L'humilité dans le service

« Jean lui dit : Maître, nous avons vu un homme qui chasse les démons en ton nom ; et nous l'en avons empêché, parce qu'il ne nous suit pas. » Ces mots pris extérieurement dénotaient des pensées élevées de la part de Jean, car c'était un signe de la jalousie sincère que lui inspiraient la cause et le Nom de son maître. Cependant, il pouvait exister plus profondément un sentiment d'orgueil, puisqu'il s'agissait d'un homme qui ne les suivait pas, comme si eux seuls avaient le droit de chasser les démons, comme si eux seuls tenaient le premier rang et comme si le fait de ne pas travailler avec eux, ou comme eux, constituait une condamnation !

« Ne l'en empêchez pas, répondit Jésus, car il n'est personne qui, faisant un miracle *en mon non*, puisse aussitôt après parler mal de moi. Qui n'est pas contre nous est pour nous. » Or cet homme accomplissait deux choses : 1. il se rendait vainqueur de l'œuvre du diable 2. il agissait ainsi par le Nom du Christ et pour sa gloire. À cause de cela il ne méritait pas d'être condamné par les disciples, au contraire Jésus encourageait cet homme de tout son cœur et Il ajouta à l'adresse de ses semblables : « Il ne perdra point sa récompense. »

L'orgueil de l'orthodoxie

Telle est la leçon dont on a un besoin urgent de nos jours. L'orgueil de l'orthodoxie est profondément ancré au fond des cœurs de très nombreux chrétiens. Ils prétendent avoir tout à fait raison dans l'interprétation de telle ou telle partie du programme religieux. Quant à ceux qui ne s'accordent pas avec eux, ils ont tout à fait tort et sont à peine comptés au rang des vrais croyants. C'est exactement cet esprit-là dont Jean faisait preuve en condamnant l'homme qui ne voulait pas les suivre. Ce genre d'orthodoxie fait, à notre époque, plus de mal que de bien à la cause chrétienne et détourne plus de gens de la vraie religion qu'il ne lui en attire.

Pensez à Moody et à la glorieuse moisson d'âmes accomplie par lui dans le monde entier. Cherchez partout dans sa vie et vous ne trouverez aucune trace d'orthodoxie orgueilleuse. Personne n'a jamais cru plus sincèrement que lui aux principes fondamentaux contenus dans le Livre sacré et il les a toujours présentés avec l'esprit d'humilité qui était dans Notre-Seigneur. Des milliers de gens étaient en désaccord avec lui sur le sens à donner à certaines doctrines, mais jamais on n'a appris qu'il les eût condamnées. Il s'attachait à prêcher Jésus-Christ et Jésus-Christ crucifié et présentait cette glorieuse vérité d'une façon tellement irrésistible que des milliers d'athées et de libres penseurs furent gagné au Christ. L'orgueil de l'orthodoxie aurait rendu cela impossible.

Pour vous rendre compte des avertissements de Jésus contre cette orthodoxie-là, vous n'avez qu'à lire le verset 42. Le fait de froisser quelqu'un dont la profession de foi est défectueuse ou incomplète constitue une faute grave dans la mesure où cette âme immortelle, à la foi enfantine, est mise en danger de tomber. Prenez le temps de réfléchir à un fait de cette importance pour être certain que l'avertissement de Jésus ne vous atteint pas.

Application

« Je ne suis pas digne de délier en me baissant, la courroie de ses souliers » (Mc 1.7). « Il faut qu'il croisse et que je diminue » (Jn 3.30). Cet esprit d'humilité qui caractérisait Jean-Baptiste vous caractérise-t-il également ? Pour vous rendre compte à quel point cela devait être le cas de Pierre et de Jean dans la suite, lisez Actes 3.12. Revenez ensuite à Actes 2.1-3. L'humilité est le fruit du Saint-Esprit. « Marches selon l'Esprit... » (Ga 5.16).

Seizième leçon
(10.1-31)

Jésus établit une nouvelle règle de vie

« Alors il commença à leur apprendre qu'il fallait que le Fils de l'homme souffrît beaucoup, qu'il fût rejeté par les anciens, par les principaux sacrificateurs et par les scribes, qu'il fût mis à mort et qu'il ressuscitât trois jours après. » (8.31). Voici quelques autres passages où Jésus parle de sa mort prochaine : 9.31 ; 10.33,34 ; et où il est question de son voyage à Jérusalem : 10.1,17,32,46.

Jésus ne pensait pas seulement à sa mort, mais à ce que serait le ministère des douze après sa mort. Il cherchait à les préparer en vue du service essentiel du royaume de Dieu. Il ne leur suffisait pas de croire au fait de sa mort, il leur fallait aussi apprendre à proclamer, à travers cette mort, le glorieux message du salut. L'enseignement de Jésus dans les passages 9.30 à 10.53 peut donc se résumer ainsi : *l'humilité en vue du Royaume.*

Reprenons notre analyse du contenu de l'Évangile [1]. La section III A. : Annonce du sacrifice (8.31 à 10.53) peut se subdiviser ainsi :

---

1. Voir p. 171.

Étude personnelle

1. La foi en vue de la croix (8.31 à 9.29).
2. L'humilité en vue du Royaume (9.30 à 10.53).

L'humilité et les richesses

Vous vous rappelez le rôle de l'humilité dans notre dernière leçon. Quel est son rôle dans le passage 10.1 à 31 que nous avons à considérer cette semaine ? Bien que les questions soulevées par les pharisiens ne soient que l'expression de leur orgueil d'orthodoxes, nous passerons 10.2-12, et comme le sujet des versets 13-16 a déjà été abordé précédemment, nous choisirons, pour centre de notre leçon, les versets 17-31. Cet épisode est introduit par les paroles de Jésus au verset 15 : « Je vous le dis en vérité, quiconque ne recevra pas le royaume de Dieu comme un petit enfant n'y entrera point. » L'*humilité* du petit enfant, tel est bien ce que Jésus a en vue. Extérieurement parlant, cela peut ne pas sembler vrai de tous les enfants, cela n'empêche pas qu'à l'intérieur de tous les petits enfants, existe un sentiment innocent d'*impuissance* et un besoin de complète *dépendance*. Telles sont les caractéristiques de l'humilité, et Jésus souligne la nécessité de cette humilité pour pouvoir entrer dans le royaume de Dieu.

Quel est le rapport de ce qui vient d'être dit avec les versets 17-31 ? Relisez-les avec beaucoup de soin et vous verrez que tout y a trait à la question des richesses. Le bien-être est-il producteur d'humilité ? Le sentiment d'impuissance et de dépendance accompagne-t-il habituellement la possession des biens de ce monde ? Vous n'ignorez point que le bien-être est généralement une source d'orgueil et notre dernière leçon nous a montré les ravages de l'orgueil. C'est pourquoi nous prendrons comme thème de la présente leçon l'*orgueil des richesses*. Nous aurons recours aux divisions suivantes : 10.17-22 ; 10.23-31 ; 12.41-44.

Étude personnelle

Vous en connaissez la valeur, mais voici quelques questions pour vous orienter :

1. *10.17-22*. Où Jésus se rendait-Il ? Pourquoi pensez-vous que cet homme soit accouru ? Quelle raison Jésus avait-Il de lui demander : « Pourquoi m'appelles-tu bon ? » Quelle raison Jésus avait-Il de le questionner sur les commandements ? Cet homme avait-Il une valeur morale ? Quels arguments pour ou contre ? Pourquoi Jésus l'aima-t-Il ? Que signifie véritablement la parole de Jésus au verset 21 ? Réfléchissez-y avec grand soin. Pourquoi l'homme s'en alla-t-il tout triste ? Résumez en une seule phrase l'enseignement que nous donne ce paragraphe concernant le *danger des richesses*.

2. *10.23-27*. Pourquoi Jésus donnait-Il, à cette époque, une telle importance au problème des richesses ? Qu'est-ce qui fait toute la vérité de son affirmation du verset 23 ? Quelle est la condition essentielle pour entrer dans le royaume de Dieu. Qu'est-ce qui fait toute l'importance du verset 27 ? Résumez encore en une seule phrase l'enseignement de ce paragraphe concernant le *danger des richesses*.

3. *12.41-44*. Pourquoi Jésus observait-Il avec autant de soin tous les gens qui mettaient de l'argent dans le tronc ? À quel mobile obéissait la plupart d'entre eux en apportant leurs dons ? Quelle était l'intention de la pauvre veuve en mettant seulement deux petites pièces dans le tronc ? Que nous enseigne ici Jésus concernant l'état d'esprit de ceux qui apportent de l'argent dans la caisse du Seigneur ? Écrivez une troisième fois une simple phrase résumant la leçon de ce paragraphe concernant le *danger des richesses*.

Le vrai trésor

Essayons maintenant de souligner l'importance de la leçon que nous donne chacun de ces paragraphes toujours sur le *danger des richesses.* Je suis certain que vous êtes d'accord sur le sujet qui est à la base de chacun d'entre eux. Commençons avec 10.17-22. Vous n'avez pas manqué d'étudier à fond le principe sur lequel nous avons insisté et vous vous sentez dépourvus du seul vrai trésor. Examinons alors comment ces versets nous enseignent, tout en le soulignant, le danger des richesses.

Jésus nous montre que les richesses avaient privé ce jeune homme du seul vrai trésor en ne lui accordant aucune *force morale* digne de ce nom. C'est rempli du sentiment de sa *propre justice* qu'il se livrait à son enquête, mais Jésus lui répondit : « Pourquoi m'appelles-tu bon ? Il n'y a de bon que Dieu seul. » En parlant ainsi, Jésus donnait à ce jeune homme le sentiment de ses déficits moraux. En employant le mot « bon » d'une manière superficielle, il montrait combien il jugeait la bonté à la légère. Son amour de l'argent était bien le ver rongeur qui l'avait frustré de toutes les qualités de sa vie intérieure.

« Maître, j'ai observé toutes ces choses dès ma jeunesse. » Il était persuadé d'avoir toujours obéi à tous les commandements de Dieu et faisait preuve ainsi d'une morale tout extérieure et superficielle. Le récit de Matthieu nous rapporte que Jésus dit au jeune homme : « Tu aimeras ton prochain comme toi-même » (19.19). Par cette seule citation, Jésus convainquit cet homme d'avoir transgressé la seconde table de la Loi. Jésus apercevait ce qu'il y avait d'égoïsme au fond du cœur de ce jeune homme : « Car là où est ton trésor, là aussi sera ton cœur » (Mt 6.21). Il ne saurait exister aucune vertu morale en compagnie d'un tel sentiment de l'importance du *moi.*

Un trésor dans le ciel

En dépit de ses idées fausses sur la justice, ce jeune homme exerçait un attrait, et Jésus l'aima. Il voyait tout ce que pouvait donner cette personnalité si seulement elle consentait à l'enlèvement du ver rongeur des richesses, c'est pourquoi Jésus s'écria : « Va, vends tout ce que tu as, donne-le aux pauvres, et tu auras un trésor *dans le ciel.*

Cette idée que les richesses nous privent de *tout trésor dans le ciel* ne nous montre-t-elle pas, une fois de plus, le danger des biens terrestres ? Le jeune homme riche les possédait en abondance, ces biens *terrestres*, mais il ignorait tout d'un trésor dans le ciel. L'étude des passages suivants vous aidera à mettre l'accent sur ce principe :

1. *Matthieu 6.19,20.* Quel contraste entre les « trésors sur la terre » et les « trésors dans le ciel » !

2. *Luc 12.15-21.* Il s'agit ici d'un riche *insensé* et de son châtiment éternel. Jésus dit à son sujet : « Il en est ainsi de celui qui amasse des trésors *pour lui-même*, et qui n'est pas riche en Dieu. »

3. *1 Timothée 6.17-19.* Les « richesses *incertaines* ».

L'exemple de Jésus

Voici un passage capital inspiré par Jésus et qui souligne le principe exprimé dans Marc 10.21 : « Car vous connaissez la grâce de notre Seigneur Jésus-Christ qui pour vous s'est fait *pauvre*, de riche qu'il était, afin que par sa pauvreté, vous fussiez *enrichis* » (2 Co 8.9).

1. Méditez sur sa *pauvreté.* Lisez Lu 8.1-3 ; Mt 17.24-27 ; Mc 14.12-16.

2. Méditez sur notre *enrichissement.* Notre salut, Dieu Notre Père, Jésus notre Ami, le don du Saint-Esprit, la prière, la paix parfaite, le pain quotidien, en haut le ciel, la vie éternelle !

Le service impossible

« Puis viens, et suis-moi. » Jésus aurait voulu voir ce jeune homme soulager les plus pauvres et marcher à sa suite dans le glorieux service du royaume de Dieu. Ses richesses l'avaient empêché d'être vraiment utile à son prochain et, à moins de sacrifier son bien-être, il était incapable de suivre Jésus en participant aux bénédictions attachées à son service.

Le grand péril

« Mais, affligé de cette parole, cet homme s'en alla tout triste... » Il gardait ses richesses mais rejetait son Sauveur. Il se rendait compte de la nécessité d'acquérir une valeur morale, de posséder un trésor dans le ciel, de fournir un service utile, mais il ne consentait pas à payer le prix. Il ne voulait pas faire le sacrifice de son bien-être. Quel n'est pas le danger des richesses, même chez ceux qui en ont conscience ?

Les richesses et le royaume

Les versets 17 à 22 nous ont fait voir une vérité fondamentale, à savoir que la *richesse en soi* nous fait perdre le *véritable trésor*. Les versets 23 à 27 nous feront voir maintenant que les richesses peuvent nous faire perdre le *royaume de Dieu*.

1. Les versets 23 et 24 nous montrent *la richesse en soi* nous rendant inconscients de nos besoins véritables. Se confier en elles nous enlève tout désir de nous confier en Dieu. Elles deviennent la seule chose dont nous ayons envie. Pourquoi penser au royaume de Dieu, quand on a tout ce qu'on peut désirer ?

2. Le verset 25 nous montre comment *la richesse en soi* ôte en nous tout désir de payer ce qu'exige l'entrée dans le royaume. Elle nous oblige à revivre la scène du verset 22. L'amour de l'argent est le ver rongeur dont rien, dans le ciel

et sur la terre, n'est capable de nous délivrer. L'égoïsme de l'avare est une plaie profonde.

3. Considérez maintenant les versets 26 et 27. Vous y verrez que *Dieu seul* est capable d'écarter de nous le danger des richesses et, par son Saint-Esprit, de nous délivrer de ce ver rongeur. Telle est la raison pour laquelle j'ai tenu à employer si souvent l'expression : *richesse en soi.*

Application

Revenons au message contenu dans 2 Corinthiens 8.9 et qu'il soit le sujet de nos plus instantes prières : « La grâce de notre Seigneur Jésus-Christ, qui pour vous s'est fait pauvre, de riche qu'il était, afin que par sa pauvreté vous fussiez enrichis. »

Dix-septième leçon
10.32-53

Jésus en face de la croix

« Mais l'homme animal ne reçoit pas les choses de l'Esprit de Dieu, car elles sont une folie pour lui, et il ne peut les connaître, parce ce que c'est spirituellement qu'on en juge » (1 Co 2.14).

Ces paroles m'ont convaincu à nouveau de ce fait : même l'étude personnelle de la Bible ne sert de rien, à moins d'être entreprise avec une entière soumission aux directions de l'Esprit de Dieu. Et cela me ramène à ces autres paroles : « Mais le Consolateur, l'Esprit-Saint, que le Père enverra en mon nom, *vous enseignera toutes choses*, et vous rappellera tout ce que je vous ai dit. » « Quand le consolateur sera venu, l'Esprit de vérité, *il vous conduira dans toute la vérité...* » (Jn 14.26 ; 16.13). Dieu fasse qu'aucun d'entre nous ne commence ni ne poursuive jamais son étude, sans se mettre, par la prière, sous l'entière dépendance du Saint-Esprit.

Récapitulation

Rappelons-nous encore nos divisions [1].

Nous avons à étudier aujourd'hui le dernier paragraphe de la section III A. et vous vous souviendrez des trois

---

1. Voir p. 171.

Étude personnelle

annonces si frappantes contenues dans 8.31-33 ; 9.30-32 ; 10.32-34, sans oublier la mention du voyage à Jérusalem (9.30 ; 10.1,17,32,46).

Entre les annonces successives de sa mort prochaine, Jésus préparait ses disciples en vue de son départ :
a) La foi en vue de la croix (8.31 à 9.29).
b) L'humilité en vue du royaume (9.30 à 10.53).

Comme Il parlait de sa résurrection chaque fois qu'Il annonçait sa mort, il était naturel que Jésus eût à cœur de préparer les douze en vue de leur service dans le royaume. Afin de souligner l'importance des enseignements de Jésus sur l'humilité, nous donnerons encore le résumé suivant :
L'humilité en vue du royaume (9.30 à 10.53) : l'humilité, secret de la vraie grandeur (9.33-37) ; humble service et humbles serviteurs, précieux aux yeux du Christ (9.38-50) ; nouvelle attaque des orgueilleux pharisiens (10.1-12) ; l'humilité indispensable pour entrer dans le royaume (10.13-16) ; l'orgueil des richesses fermant l'accès du trésor véritable et du royaume de Dieu (10.17-31) ; l'humble service, source de la vraie grandeur (10.35-45) ; Jésus au service d'un humble mendiant (10.46-53).

C'est bien saint Marc, l'Évangile du *Serviteur*, qui met l'accent sur le point de vue si important de *l'humilité*. Je ne vous demanderai pas d'étudier à fond toute cette subdivision (9.30 à 10.53) ; mais je vous demanderai d'avoir bien présent à l'esprit le résumé qui précède.

Étude personnelle

Le passage 10.35-53 fait partie de notre leçon d'aujourd'hui. Veuillez considérer les deux parties de notre résumé qui le concernent, puis vous lirez, à deux reprises, les versets correspondants comme introduction à votre étude

118

de 10.35-45. Vous serez ainsi amené à vous rendre compte comment l'humilité, dans le service, est la source de la vraie grandeur. Inscrivez quelques idées fondamentales à mesure que vous les découvrirez. Ceci fait, vous rédigerez vous-même un résumé capable de vous aider à développer le sujet principal.

Grandeur convoitée

Comparons maintenant les résultats de notre travail et tout d'abord, la demande de Jacques et de Jean.

1. « Maître, nous voudrions que tu fisses pour nous ce que nous te demanderons. » Pourquoi ne pas avoir commencé par la demande elle-même ? Cela nous montre la force de leur désir et pourtant ils se demandaient si, en l'exprimant d'emblée, Jésus en tiendrait compte.

2. « L'un à ta droite et l'autre à ta gauche, *quand tu seras dans ta gloire.* » Ils avaient été témoins de la gloire de Jésus le jour de la transfiguration. Ils croyaient qu'Il était le Fils de Dieu et qu'Il était ainsi Lui-même le Roi des rois. Ils avaient en vue le royaume de Dieu et désiraient venir *après Lui* en fait de gloire et de grandeur.

3. Quand cette demande fut-elle faite ? Relisez attentivement les versets 32 à 34. Il s'agit là du moment qui suivait l'annonce de la mort de Jésus faite pour la troisième fois et de la manière la plus terrible : « Ils le *condamneront* à mort... se *moqueront* de lui... *cracheront* sur lui... le *battront de verges*... et le *feront mourir*... » Quelle avait été l'impression produite sur Jacques et sur Jean ? Comment se fait-il qu'ils aient été préoccupés de leur propre grandeur et de leur propre gloire plus que des souffrances et de la mort de Jésus ? *Égoïsme et orgueil !*

Lisez le verset 41. Les « dix » se rendaient aussi coupables d'égoïsme et d'orgueil, mais ils n'avaient pas eu le courage de demander ouvertement ce qu'ils désiraient.

Jésus fait preuve de grandeur

« Vous ne savez ce que vous demandez. » Pouvaient-ils connaître l'origine de ce qui faisait la grandeur et la gloire de Jésus ? Lisez le verset 38. Jésus venait de leur annoncer l'imminence et l'horreur de son sacrifice et, ici-même, Il y fait allusion comme étant à la source de toute cette gloire que Jacques et Jean sollicitaient pour eux-mêmes.

Pour vous rendre compte de la gloire dont Jésus fut couronné à cause de sa mort, veuillez méditer sur les passages qui suivent :

1. « Tout pouvoir m'a été donné dans le ciel et sur la terre.» (Mt 28.18), telle fut la glorieuse communication que Jésus fit à ses disciples *après* sa mort et sa résurrection.

2. Romains 14.9. Considérez ici la relation étroite qui existe entre sa gloire et le fait de sa mort.

3. Éphésiens 1.20-23. Rendez-vous compte à quel point cette gloire merveilleuse fait suite immédiatement à ces mots « en le ressuscitant des morts ».

4. Philippiens 2.9-11. Lisez d'abord ce passage puis, pour apprécier la valeur du « c'est pourquoi », lisez ensuite les versets 5 à 8.

Jacques et Jean avaient demandé de participer à la même gloire que Jésus, et Jésus leur annonçait que sa propre gloire devait être précédée d'actes de service désintéressé, en particulier de son sacrifice. Pouvaient-ils alors participer à sa gloire ?

Ce que Dieu leur réservait

Relisez Marc 10.39. Après la mort et la résurrection de Jésus, après la venue du Saint-Esprit, Jacques et Jean participèrent en réalité au service désintéressé comme au sacrifice de Jésus. Lisez Actes 12.1,2. Quant à Jean, il fut condamné à l'exil de Patmos (Ap 1.9). C'est bien à cela que Jésus faisait allusion au verset 39.

« Mais, pour ce qui est d'être assis à ma droite ou à ma gauche, cela ne dépend pas de moi, et ne sera donné qu'à *ceux à qui cela est réservé.* » Jésus leur enseignait ainsi que tout titre de gloire est *décerné par Dieu* et que les premières places dans son royaume sont destinées à *ceux qui les méritent.*

La grandeur au sens chrétien du mot

Au verset 42, nous avons la description, faite par Jésus, de ce que le monde pense de la grandeur, puis Jésus montre à ses disciples la grande différence qui sépare cette grandeur selon le monde de la grandeur selon le point de vue chrétien.

La grandeur selon le monde a sa source dans l'*orgueil* et quiconque obtient, selon le monde, la position de dirigeant l'obtient à force d'orgueil et de vanité. C'est ainsi que se répand l'esprit de domination.

C'était chose tout à fait naturelle que les disciples considérassent leur propre grandeur selon les règles de ce monde ; c'est pourquoi Jésus fait suivre sa description de la grandeur selon le monde de ces mots : « Il n'en est pas de même au milieu de vous. » C'est alors qu'Il introduit sa description de la grandeur au sens chrétien du mot.

« Qu'il soit votre *serviteur...* qu'il soit l'*esclave* de tous. » Voilà bien la source de toute grandeur au point de vue chrétien. L'humilité du service, telle est la loi dans le royaume du Christ. Aucune place pour l'égoïsme, pour l'orgueil, pour l'ambition de dominer et d'occuper une situation glorieuse. Place, au contraire, pour le service humble, patient et fidèle, même si c'est le service du pauvre, du dernier venu et de l'ignorant.

L'exemple de Jésus

« Car le Fils de l'homme est venu, non pour être servi, mais pour servir et donner sa vie comme la rançon de plusieurs. » Jésus ne donnait pas à ses disciples une théorie nouvelle, mais établissait comme principe ce qui était vrai de sa propre vie et de sa propre grandeur. Nous arrivons ici au point culminant de la pensée de Jésus telle qu'Il l'exprimait au verset 38 et telle que nous avons essayé de la souligner dans le paragraphe intitulé : *Jésus fait preuve de grandeur*. Veuillez maintenant considérer cette affirmation en relation avec le thème de l'Évangile de Marc. « Car le Fils de l'homme est venu, non pour être servi, mais pour *servir* », tel est bien le résumé de sa vie ainsi qu'elle nous est dépeinte de 1.14 à 8.30 sous le titre : *Le ministère du puissant Serviteur*. « Et pour *donner sa vie* comme la rançon de plusieurs », tel est maintenant le résumé de son sacrifice et de sa mort tels qu'ils nous sont rapportés dans 8.31 à 16.20 : *Le sacrifice du puissant Serviteur*.

Application

Mc 10.45 est au cœur même de notre Évangile. Cette parole résume toute la vie et toute la mort de Jésus. Nous ne devons jamais la perdre de vue à travers les seize chapitres de l'Évangile. C'est également le cœur de l'enseignement que Jésus nous destine. Il nous montre à vivre côte à côte avec Lui ; Il nous montre le service qu'Il réclame de nous jour après jour, *l'humble service* que nous devons rendre à tant de gens qui en ont un besoin urgent. Mais comment pouvons-nous réaliser une telle humilité ? Comment Jacques et Jean l'ont-ils fait ? Lisez Actes 3.12 et 2.1-3. « Le fruit de l'Esprit c'est... la *douceur*... » (Ga 5.22,23). « Marchons aussi selon l'Esprit » (v. 25).

Dix-huitième leçon

(Chapitre 11)

Jésus revendique la royauté

Cette leçon et les deux suivantes doivent couvrir les chapitres 11,12,13 et les onze premiers versets de 14. Soit que nous envisagions l'ensemble ou les détails, il nous faut jeter sur le tout un coup d'œil général. La suite logique des idées exprimées dans cette partie de l'Évangile est frappante et, avant de commencer la leçon de ce jour, le fait de considérer l'ensemble ne sera pas du temps perdu.

Coup d'œil sur 11.1 à 14.11

Veuillez lire ces passages, en laissant de côté pour le moment le chapitre 13. Ne perdez pas de vue l'opposition constante des pharisiens en gardant présents à l'esprit ces trois points :
1. La cause de cette nouvelle opposition.
2. Son plan et sa méthode.

Vous vous rappelez que la section III B. (11.1 à 14.11) est intitulée : La préparation du sacrifice [1]. En voici maintenant les subdivisions :

---

1. Voir p. 171.

Étude personnelle

1. *La cause de la nouvelle opposition des pharisiens* : l'entrée triomphale (11.1-26). Le résultat fut d'accroître l'enthousiasme de la foule (11.18).

2. *Le plan et la méthode* (11.27 à 12.44). Jusque là l'opposition avait été ouverte et agressive (3.22,29,30), mais maintenant les adversaires se rendent compte de l'enthousiasme du peuple. Notez spécialement 11.18 ; 12.12,37. « Ils le craignaient parce que toute la foule était frappée de sa doctrine » ; « mais ils craignaient la foule » ; « une grande foule l'écoutait avec plaisir ». Ils cherchaient donc à confondre Jésus par des questions insidieuses et à Lui aliéner ainsi la multitude. Voici quelles étaient ces questions :

« Par quelle autorité... ? » (11.27 à 12.12).

« Est-il permis de payer le tribut à César ? » (12.13-17).

« Duquel d'entre eux sera-t-elle la femme ? » (12.18-27).

« Quel est le premier de tous les commandements ? (12.28-34).

Question posée par Jésus (12.35-37).

3. *Les conséquences du conflit* (chap. 13). La destruction de Jérusalem et le rejet de la nation juive.

4. *Judas, l'instrument des adversaires* (14.1-11).

Ayez ce simple résumé présent à l'esprit en étudiant cette leçon et les deux suivantes.

Étude réfléchie

Nous sommes prêts maintenant à étudier la leçon du jour, 11.1-26, en insistant surtout sur les versets 1-11 et 15-18 comme ayant trait spécialement à l'entrée de Jésus à Jérusalem. Lisez ces versets à deux reprises avec grand soin, puis Mt 21.1-17 et Lu 19.28-46. Ces deux derniers passages n'éclairent-ils pas le récit de l'entrée à Jérusalem donné par Marc ?

Les questions suivantes vous aideront à mieux comprendre les faits. Pourquoi Jésus avait-Il attendu ce jour pour manifester publiquement sa messianité ? Quelle preuve de sa puissance nous donne-t-Il ici ? Qui nous montre dans ces faits l'accomplissement des Écritures ? Que signifiait pour Jésus le fait d'être monté sur un ânon ? Que nous révèlent Matthieu et Luc concernant la foule immense et l'enthousiasme des gens qui suivaient Jésus ? Que devenait le résultat réel de ces événements ? Comment vous l'expliquez-vous ? Quelle lumière les versets 15-18 jettent-ils sur ces deux dernières questions ?

La première proclamation

Jusqu'alors Jésus avait interdit à ses disciples de Le proclamer comme le Messie, mais maintenant Il déclarait Lui-même être le Roi d'Israël qui avait été promis. Pourquoi ? Il n'avait pas voulu laisser se précipiter la crise, mais Il se rendait compte que, maintenant, le moment était venu, et qu'Il était prêt à accomplir les desseins éternels de Dieu. Comme l'établit notre résumé, l'entrée triomphale marquait l'occasion de la dernière attaque des pharisiens et c'est à cela que Jésus était préparé.

Comment se fit la proclamation

Considérons maintenant quels caractères revêtait cette entrée triomphale. Jésus envoya-t-Il un héraut pour annoncer au son de la trompette que Jésus de Nazareth avait été proclamé Roi d'Israël à Jérusalem ? En admettant que cela fût, n'aurait-ce pas été un signal de tumulte, d'effusion de sang et d'une guerre désastreuse de la part des autorités romaines ? En outre, est-ce que cela aurait proclamé réellement qu'Il était le Roi des rois ? Vous savez que le seul acte de Jésus consista à réquisitionner dans un village des environs un simple ânon, à s'asseoir dessus et à entrer ainsi dans la ville ! Pas un mot de sa royauté, pas de héraut, pas de trompette, aucune proclamation, aucune pompe, pas de quoi, en un mot, soulever la jalousie, la colère des autorités romaines, mais que signifiait le fait pour Jésus d'être monté sur un ânon ?

1. Matthieu nous montre là l'accomplissement des Écritures :

« Dites à la fille de Sion :
Voici, ton roi vient à toi,
Plein de douceur et monté sur un âne,
Sur un ânon, le petit d'une ânesse » (D'après Za 9.9).

Jésus connaissait à fond l'Ancien Testament et donnait à son ministère le soin d'accomplir les prophéties scripturaires. « Et, commençant par Moïse et par tous les prophètes, il leur expliqua *dans toutes les Écritures ce qui le concernait...* Notre cœur ne brûlait-il pas au dedans de nous, lorsqu'il nous parlait en chemin *et nous expliquait les Écritures* ?... Alors il leur ouvrit l'esprit, afin qu'ils comprissent les Écritures » (Lu 24.27,32,42,45).

2. Le fait d'être monté sur un ânon rendait témoignage au caractère essentiel du royaume de Jésus :

a) Bien qu'il entrât à Jérusalem en qualité de Roi des rois, Il ne voulait pas moins montrer que le royaume de Dieu était un *royaume humble.* Quel contraste entre l'entrée de Jésus à Jérusalem et l'entrée triomphale d'un César Auguste dans Rome ! Existait-il dans le monde entier d'animal plus humble qu'un petit ânon, et pourtant, Jésus en avait choisi un pour le monter !

b) Jésus voulait encore montrer que le royaume de Dieu était un *royaume pacifique.* Quel général ou quel guerrier s'est jamais mis en guerre monté sur un ânon ? Mais Jésus, le Roi d'Israël, voulait entrer dans la capitale du monde juif de manière à montrer que le Royaume de Dieu était, avant tout, le royaume de la paix.

Accueil enthousiaste

Il est évident que les disciples vibraient à la vue de l'entrée de Jésus à Jérusalem. Mais le peuple ? Relisez Mt 21.8-11, puis notez la fréquence de l'expression « la foule » ainsi que ces mots : « toute la ville fut émue ». Luc s'exprime ainsi (19.37) : « Toute la multitude des disciples, saisie de joie, se mit à louer Dieu à haute voix pour tous les miracles qu'ils avaient vus. » Lisez encore avec soin Jean 12.12,13,18. Ces passages nous montrent quelle grande multitude s'était jointe à la foule déjà considérable qui était en marche avec Jésus.

Et quelles étaient les louanges demeurant constamment sur leurs lèvres ? Le professeur Erdman en donne cet intéressant commentaire : « Hosanna ! » est une prière qui signifie : sauve maintenant ! « Béni soit celui qui vient au nom du Seigneur ! » confesse que Jésus était le représentant authentique de Dieu ; « le règne de David, notre Père ! » désigne cette promesse faite à David que la splendeur suprême de son règne devait se manifester à nouveau ; « Hosanna dans les lieux très hauts ! » montre que le salut préparé au plus haut des cieux pouvait descendre sur le Roi et sur son Royaume.

Conséquences immédiates

Quel fut le résultat immédiat de l'accueil glorieux manifesté à Jésus lors de son entrée triomphale ? Résultat nul pour ce qui concernait le peuple lui-même, attendu que Jérusalem n'était pas prête à recevoir son Roi. Suivant Marc 11.11, Jésus, aussitôt entré dans Jérusalem, vint au temple et, selon 11.15-18, Il y retourna le jour suivant. Matthieu et Luc considèrent le rapport étroit qui existe entre ce fait et l'entrée triomphale, aussi font-ils se succéder les deux événements (Mt 21.12-17 et Luc 19.41-46). Ainsi est-il nécessaire pour nous d'étudier Marc 11.15-18 pour nous rendre compte si vraiment les résultats de l'entrée triomphale étaient inexistants.

1. « *Jésus entra à Jérusalem, dans le temple.* » Son royaume était un royaume spirituel, tandis que le peuple attendait un royaume *temporel*. Ils s'attendaient à ce que Jésus fût le roi d'Israël qui les délivrerait du pouvoir de Rome et donnerait à Jérusalem la domination sur le monde entier. Lisez Jean 6.15. Et ils pensaient que le temps était venu pour Jésus de le réaliser.

2. « Une *caverne de voleurs* ». « Ma maison sera appelée une maison de prière pour toutes les nations. » Pensez à ce qu'elle était alors ! Elle était un refuge d'avarice, de vol et de fraude et symbolisait le péché de la nation. Cette profanation du temple était une preuve d'apostasie nationale. Le peuple était devenu oublieux de la présence divine et indifférent à la volonté d'en-haut. Et Jésus était venu établir un royaume *spirituel*.

3. *Les dirigeants étaient contre Lui.* Les scribes et les pharisiens étaient les instigateurs de la profanation du temple, aussi le fait d'avoir entendu Jésus appeler le peuple à la repentance leur avait-il inspiré la pensée de Le faire périr. Ils présidaient aux intérêts religieux de la nation, comment leur attitude les aurait-elle conduits à faciliter à Jésus l'établissement d'un royaume *spirituel* !

Le figuier séché

Un mot seulement concernant 11.12-14. Le dessèchement de cet arbre prophétisait le jugement qui devait atteindre un jour un peuple sans repentance et incapable de porter des fruits. Les feuilles du figuier représentaient l'orgueil, l'hypocrisie et l'infidélité d'Israël. Rappelez-vous cependant ce que Dieu avait fait pour Israël depuis le temps d'Abraham, et pourtant il ne produisait aucun fruit de justice ! Ainsi donc Jésus annonçait-Il ici le jugement de la nation stérile et infidèle. Le chapitre 13 nous le montre encore plus complètement.

Étant donné tout ce qui vient d'être dit, nous étonnerons-nous de la résolution de Jésus d'accepter la croix ? Voilà *la seule chose* dont le peuple avait besoin, la seule chose dont le monde actuel a besoin, la seule chose dont *nous-mêmes* avons besoin.

Application

Nos cœurs sont-ils remplis de reconnaissance et de louanges envers notre Roi ? Croyons-nous en Lui comme au Roi « au-dessus de toute domination, de toute autorité, de toute puissance, de toute dignité, et de tout nom qui se peut nommer, non seulement dans le siècle présent, mais encore dans le siècle à venir » (Ép 1.21) ? Cherchons-nous aujourd'hui à faire connaître son Nom dans le monde entier ?

Dix-neuvième leçon

(Chapitre 12)

Jésus répond à ses adversaires

Vous avez vu comment l'entrée triomphale à Jérusalem avait eu pour résultat un plus grand enthousiasme de la part de la multitude. Nous avons déjà énuméré [1] les quatre questions posées par les pharisiens pour essayer de trouver Jésus en faute et de Lui aliéner la sympathie populaire.

Parabole des vignerons

Cette parabole constitue l'élément principal de notre leçon.

Les scribes (11.28) avaient posé à Jésus la question suivante : « Par quelle autorité fais-tu ces choses, et qui t'a donné l'autorité de les faire ? » C'était mettre Jésus en face d'un dilemme, c'était essayer de l'accuser de manque de loyauté, afin de pouvoir le condamner pour blasphème.

Jésus leur fit une admirable réponse (11.29-33). Connaissant leurs véritables intentions, Il se mit à les attaquer par le moyen de la parabole des vignerons (12.1-12). La signification extérieure de cette parabole vous est déjà familière. Matthieu 21.40,41 nous montre ce que les Juifs en pensaient. Gardez cela présent à l'esprit dans tout le cours de votre étude.

---

1. Voir p. 171.

Étude personnelle

La vigne était le symbole employé par l'Ancien Testament pour désigner Israël ; les vignerons représentaient les dirigeants auxquels Dieu avait confié les intérêts spirituels du peuple ; les serviteurs, les prophètes que Dieu avait envoyés pour tenir en éveil les dirigeants aussi bien que le peuple. Quant au sens réel de la parabole, veuillez faire des questions suivantes le sujet de votre étude.

Importantes questions

1. Que nous montre le verset 1 concernant ce que Dieu avait fait pour assurer le développement spirituel des Juifs ? Lisez De 4.32-38 ; Ro 9.1-5. Développez ces passages avec ce que vous savez de l'Ancien Testament.

2. Dressez une liste des plus grands dirigeants d'Israël dans l'ancienne alliance. Qu'est-ce qui les caractérisait au point de vue spirituel ?

3. En partant de Moïse, énumérez les principaux prophètes envoyés par Dieu en vue de réformer à la fois les dirigeants et le peuple. Quelle fut l'attitude des dirigeants à leur égard ?

4. Quelle avait été l'attitude des dirigeants envers Jésus, le Fils de Dieu, l'« héritier » ?

5. Quelle devait être la conséquence de cette attitude en ce qui concernait les dirigeants eux-mêmes et la nation ? Lisez Mt 21.40,41.

6. Quel résultat cela devait-il avoir sur Jésus Lui-même ? Sur la venue du royaume de Dieu ?

Développement spirituel

Le verset 1 vous aura dépeint le grand soin que le maître avait mis à faire valoir sa vigne pour qu'elle produise beaucoup de fruits. Considérez ensuite, d'après Romains 9.4, ce que Dieu avait fait pour assurer la croissance spirituelle d'Israël : « Qui sont Israélites, à qui appartiennent l'*adoption*, et la *gloire*, et les *alliances*, et la *loi*, et le *culte*, et les *promesses*... »

1. « *L'adoption* » : « Ainsi parle l'Éternel : Israël est mon *fils*, mon *premier-né* (Exode 4.22).

2. « *La gloire* » : « Alors la nuée couvrit la tente d'assignation, et la *gloire* de l'Éternel remplit le tabernacle. » (Ex 40.34 ; cf. 1 R 8.11). Il est évident qu'Israël avait eu toutes les occasions possibles de contempler, de comprendre la gloire de Jéhovah, et de se réjouir en elle.

3. « *Les alliances* ». Lisez Genèse 17.2,4,7,9,10,11, 13,14 ; Exode 19.4-6. Quelle n'avait pas été la solennité de l'*alliance* conclue entre Dieu et Israël, et quelle bénédiction elle aurait pu être pour l'âme du peuple !

4. « *La loi* ». Lisez Exode 20.1-17. Il s'agit là de la base de toutes les lois données par Dieu à Israël dans le but de le faire croître spirituellement et moralement.

5. « *Le culte* ». Pour vous rendre compte de l'effort divin accompli pour qu'Israël rende à Dieu un culte en esprit, lisez Hébreux 9.1,6 ; De 7.6. Réfléchissez à l'influence qu'un pareil culte aurait pu exercer sur le peuple.

6. « *Les promesses* ». Lisez Actes 2.39 ; 13.32 ; 26.6 ; Ro 1.2. Vous n'ignorez pas que tout l'Ancien Testament est rempli des plus glorieuses promesses accordées à Israël touchant son développement spirituel.

Imaginez encore quelle immense influence ces enseignements spirituels venus de Dieu auraient dû exercer sur les dirigeants et sur le peuple !

Principaux dirigeants

Un coup d'œil sur la liste des principaux dirigeants d'Israël nous aidera à mieux comprendre la parabole employée par Jésus :

Étude personnelle

1. Les anciens du temps de Moïse (No 13.31 à 14.4).
2. Les juges (Jg 2.11-19).
3. Les fils d'Éli (1 S 2.12,22-25).
4. Saül (1 S 15.17-23).
5. Salomon (1 R 11.1-10).
6. Nadab et Baesha (1 R 15.25,26,33,34).
7. Achab (1 R 16.29-33).
8. Joram et Achazia (2 R 8.16-28 ; 25-27).
9. Achaz (2 R 16.1-4).
10. Manassé (2 R 21.1-9).

Principaux prophètes

Étant donné les péchés terribles dont les dirigeants s'étaient rendus coupables, pensez à la fidélité de Dieu en envoyant les prophètes prêcher le changement de vie, et considérez comment les dirigeants les repoussèrent, les frappèrent, ou les mirent à mort. C'est là ce que signifie Marc 12.2-5.

Jetez un simple coup d'œil sur cette liste des principaux prophètes que Dieu envoya à Israël : Moïse, Samuel, Élie, Élisée, Ésaïe, Osée, Amos, Michée, Jérémie, Ézéchiel, Malachie. Considérez ensuite comment les dirigeants les ont traités, et lisez à plusieurs reprises et grande attention Mt 23.29-36 ; Hé 11.36,37, puis, 1 R 18.3,4 ; 19.1-4 ; 2 Ch 24.21 ; Jé 20.1,2 ; 26.20-24 ; 37.15.

Le meurtre de Jésus

Lisez maintenant Marc 12.6-8 et remarquez le lien avec les versets 1 à 5. Le premier témoignage public rendu par Dieu à Jésus avait été : « Tu es *mon Fils bien-aimé*, en toi j'ai mis toute mon affection. » (Mc 1.11). Quelle avait été l'attitude des dirigeants (scribes et pharisiens) envers Jésus, le Fils de Dieu et l'héritier ? Une révision serait utile, veuillez donc relire : Mc 2.6,7,16 ; 3.22 ; 11.18 ; Mt 9.34 ; Jn 5.16-18 ; 7.30,32,45-49 ; 8.44-47,59 ; 10.31,39 ; 11.47-53. Voici maintenant un bref aperçu de leur manière d'agir après cette parabole : Mc 12.12 ; 14.1,2,10,11,43-46,55-65 ; 15.1-5,29-32. Tout cela fut l'accomplissement de ce que disait Jésus dans 12.6-8.

Examinez brièvement, à la lumière de ce que les dirigeants avaient fait aux prophètes de l'ancienne alliance, le meurtre de Jésus par les scribes et les pharisiens. Relisez Marc 12.1-8 et vous verrez combien cette parabole recouvre de vérités.

Les conséquences

1. *Sur les Juifs*. Quelles furent pour les Juifs les conséquences du meurtre de Jésus, le Fils de Dieu ? Lisez Marc 12.9 et Matthieu 21.40,41 : « Il fera périr misérablement ces misérables... » Le chapitre 13 de Marc nous donne la description par Jésus de ce que devait être l'horreur de la destruction des dirigeants et de la nation tout entière. Lisez avec soin ce chapitre et rappelez-vous que c'était là le jugement de Dieu prononcé sur Israël pour avoir rejeté et fait périr, non seulement ses prophètes, mais même son Fils unique.

2. Quelles furent maintenant, *pour Jésus*, en tant que Fils de Dieu, les conséquences de son rejet par Israël ? Marc 12.10 contient la prophétie de son triomphe certain. Son meurtre par les Juifs ne devait pas signifier sa défaite, mais faire de Lui le Vainqueur, le Roi, « la principale pierre de l'angle » : « Tout pouvoir m'a été donné dans le ciel et sur la terre. » (Mt 28.18). Lisez attentivement Ép 1.20-23.

3. Quelles furent enfin, *pour le monde*, les conséquences du rejet du Christ par Israël ? Lisez Marc 12.9 et Matthieu 21.41-43 : « C'est pourquoi, je vous le dis, le royaume

de Dieu vous sera enlevé, et sera donné à une nation qui en rendra les fruits. » Le Nouveau Testament, des Actes à l'Apocalypse, nous révèle, d'une façon très complète, comment cette prophétie a été accomplie et le glorieux triomphe de la cause divine apparaît déjà clairement dans l'Ancien Testament.

Application

Quels *fruits* produit la vigne que Dieu a plantée dans nos cœurs ? Rappelez-vous tout ce qu'Il a fait pour nous révéler ces glorieuses vérités touchant son Fils. Dieu fasse que les fruits que sa Parole produit dans nos cœurs apportent des bénédictions toujours croissantes aux âmes affamés qui nous entourent.

Vingtième leçon
(14.1-11)

Jésus et ses amis

« La fête de Pâque et des pains sans levain devait avoir lieu deux jours après. Les principaux sacrificateurs et les scribes cherchaient les moyens d'arrêter Jésus *par ruse*, et de le faire mourir. Car ils disaient : Que ce ne soit pas pendant la fête, afin qu'il n'y ait pas de tumulte parmi le peuple. » (Marc 14.1,2). Cela met en évidence la grande victoire que Jésus avait remportée sur les scribes et les pharisiens. Nous avons déjà vu comment l'entrée triomphale de Jésus avait accru l'enthousiasme de la foule. À cause de cela, les pharisiens abandonnèrent leur opposition ouverte et agressive pour des questions destinées à faire dire à Jésus qu'Il avait tort ; ils pensaient Lui aliéner ainsi la sympathie de la foule (11.27 à 12.44). Jésus répondit à ces questions d'une manière si admirable que les pharisiens échouèrent complètement dans leur tentative : « Et personne n'osa plus lui proposer des questions. » (12.34).

Cependant, cet échec ne leur ôta pas leur résolution de faire mourir Jésus. Relisez 14.1,2. Comme la multitude restait du côté de Jésus, les pharisiens s'étaient rendu compte qu'il fallait agir envers Lui par ruse et attendre pour cela que la Pâque fût passée.

Étude nécessaire

La précédente introduction préparera votre étude détaillée de 14.3-11, et les points suivants serviront à vous guider. 1. Pour connaître le motif de Marie en oignant Jésus avec le parfum délicieux, lisez Jean 11.1-44. La lecture de Jean 12.1-8 établira ensuite la relation étroite qui existe entre les deux événements. Employez à cette étude le temps nécessaire.

2. Quelle est l'origine des critiques exprimées dans les versets 4 et 5. Le fait de relire Jean 12.4-6 vous aidera à trouver la réponse.

3. Que signifiait pour Jésus une pareille marque d'affection manifestée à ce moment même ? Pourquoi Lui était-elle particulièrement nécessaire ?

4. Quelle influence cet incident a-t-il exercé dans le monde entier ?

5. Quelle relation existe-t-il entre les versets 10,11 et 3-9 d'une part, 10,11 et 1,2 d'autre part ?

L'amour de Jésus manifesté

Vous vous êtes rendu compte que Jean 11.1-44 était nécessaire à la compréhension de Marc 14.3-9. Votre étude vous a laissé l'impression de la remarquable preuve d'amour manifesté par Jésus à la famille de Béthanie. Vous y avez trouvé des allusions répétées : « Seigneur, voici, *celui que tu aimes* est malade. » « Or Jésus *aimait* Marthe, et sa sœur, et Lazare. » « Lazare, notre *ami*, dort... » « Voyez comme il *l'aimait.* » (versets 3,5,11,36). Vous avez découvert également le fait que Jésus manifestait cet amour au péril de sa vie. « Les disciples lui dirent : Rabbi, les juifs, tout récemment, cherchaient à te lapider, et tu retournes en Judée ! »

« Thomas, appelé Didyme, dit aux autres disciples : Allons aussi, afin de mourir avec lui.» «Dès ce jour, ils résolurent de la faire mourir.» (versets 8,16,53). Or, Marie savait tout cela. Quel était l'effet produit sur son cœur ? Vous trouverez dans Luc 10.38-42 une marque antérieure de son affection, mais maintenant qu'elle avait éprouvé des marques aussi merveilleuses de l'affection témoignée par Jésus à sa famille, son affection à elle avait augmenté soudainement. Comment exprimait-elle d'une manière frappante son amour envers Jésus ? Telle était la question qui se posait pour elle.

L'amour de Marie trouve son expression

« Une femme entra, pendant qu'il se trouvait à table. Elle tenait un vase d'albâtre, qui renfermait un parfum de nard pur *de grand prix* ; et, ayant rompu le vase, elle répandit le parfum sur la tête de Jésus.» Son amour pour Jésus débordait, et elle ne pouvait le contenir plus longtemps. Ce parfum était « de grand prix » ; c'était ce qu'elle possédait de plus précieux et le fait de s'en séparer représentait de sa part un grand sacrifice. Méditez là-dessus en pensant à ce qu'était l'amour de Jésus pour ses amis : « Il n'y a pas de plus grand amour que de donner sa vie pour ses amis.» (Jn 15.13). Pour exprimer son amour envers Jésus, Marie ne reculait devant aucun sacrifice, et le plus coûteux d'entre ces sacrifices devenait pour elle une joie.

Avarice trompeuse

Quel fut le résultat de cette onction, d'abord sur les disciples ? Vous l'avez déjà trouvé dans les versets 4 et 5. En lisant Marc 14.4 et 5, vous avez découvert en Judas l'instigateur de l'indignation des disciples : « À quoi bon perdre ce parfum ? On aurait pu le vendre plus de trois cents deniers, et les donner aux pauvres.» Est-ce à cela que pensait Judas ? «Il disait cela, non qu'il se mit en peine des pauvres, mais parce qu'il était voleur, et que, tenant la bourse, il prenait ce qu'on y mettait.» (Jn 12.6).

Nous abordons la période la plus triste de la vie de Jésus. Judas était le trésorier des douze. Dès le début, Jésus lui avait confié cette responsabilité, pour le mettre à l'épreuve, mais il ne put résister à la tentation. Pendant trois ans, son avarice naturelle n'avait fait que s'enraciner en lui. Combien d'argent avait-il pris dans la bourse, c'est ce que nous ignorons, mais le piège que lui tendait son avarice n'est que trop évident. Comment imaginer que cela s'était passé en la présence même de Jésus et au milieu des manifestations de sa glorieuse personnalité ? Judas avait entendu dire à Jésus : «Les renards ont des tanières, et les oiseaux du ciel ont des nids ; mais le Fils de l'homme n'a pas où reposer sa tête.» (Mt 8.20). Il en avait eu chaque jour des preuves nombreuses depuis qu'il connaissait Jésus et, si Marie aimait Jésus au point de consentir en sa faveur à un sacrifice aussi grand, c'était l'amour du gain qui avait dépouillé Judas de tout amour pour Lui. Ceci nous ramène à notre leçon sur le danger des richesses et vous n'ignorez pas à quel point cette leçon est nécessaire de nos jours.

Conséquences profondes

Où ces faits nous conduisent-ils ? Vous avez trouvé la réponse dans les versets 10 et 11 mais voici encore le récit de Matthieu (26.14-16) : «*Alors* (immédiatement après l'onction de Jésus par Marie), l'un des douze, appelé Judas Iscariot, alla vers les principaux sacrificateurs et dit : «*Que voulez-vous me donner*, et je vous le livrerai ? Et ils lui payèrent trente pièces d'argent. Depuis ce moment, il cherchait une occasion favorable pour livrer Jésus. » Insistez longuement sur ce fait que l'amour de l'argent peut être rendu responsable de l'horrible trahison dont le Fils de Dieu fut la victime. Considérez également ce fait à la lumière de Marc 14.1,2. Par crainte de la foule, les pharisiens avaient renvoyé après la pâque le meurtre de Jésus, mais le marché conclu avec Judas devait les dédommager. Ne voyez pas là une victoire des ennemis de Jésus. Jésus acceptait les événements sachant que son heure était venue. Sa mort avait toujours été pour Lui le résultat d'une acceptation volontaire (Jn 10.18).

Conséquences pour Jésus

Quelle signification Jésus donna-t-Il à cette manière dont Marie l'aimait ? Cet acte Le toucha au plus profond du cœur : « Elle a fait ce qu'elle a pu...» Il voulait dire ainsi qu'elle Lui avait manifesté l'amour qui était en elle avec autant de puissance qu'il lui était possible de le faire. Par ces mots : « Elle a d'avance embaumé mon corps pour la sépulture », Il voulait parler de l'aide que cet acte de profonde affection Lui apportait en prévision de sa mort. Depuis ce moment-là jusqu'à ce qu'Il se fut écrié sur la croix : « Tout est accompli » (Jn 19.30) l'on peut dire que Jésus gardait conscience d'un pareil amour, et que ce fut pour Lui une force à travers les moments d'agonie qu'Il eut à supporter.

Jésus n'avait-Il pas besoin de cela, étant donné la manière dont d'autres le traitaient ?

Judas Le trahissait.

Pierre Le reniait avec serments et imprécations.

Les autres disciples L'abandonnaient.

La foule s'écriait : « Crucifie-le ! »

Les scribes et les pharisiens Le condamnaient à mort.

Méditez sur tout cela en gardant ces faits bien présents à la mémoire. Est-ce que l'amour témoigné par Marie ne grandit pas encore à vos yeux ?

Application

« Partout où la bonne nouvelle sera prêchée, dans le monde entier, on racontera aussi en mémoire de cette femme ce qu'elle a fait.» Jésus signifiait ainsi non seulement sa reconnaissance envers Marie, mais qu'Il voulait inciter des multitudes d'autres âmes à suivre son exemple.

Cela nous amène à nous poser cette question : comment devons-nous faire pour suivre l'exemple de Marie ? Il me semble voir la réponse de Jésus dans ces paroles : « Toutes les fois que vous avez fait ces choses à l'un de ces plus petits de mes frères, *c'est à moi que vous les avez faites* (Mt 25.40). Lisez encore Jean 21.15-17. Si nous gardons ce principe présent au fond de notre cœur, nous serons rendus capables d'exprimer notre amour envers Jésus d'une manière aussi frappante que Marie, et nous pouvons avoir l'assurance que ce témoignage pénétrera dans le coeur de Jésus aussi profondément que celui rendu par elle. Quel motif contraignant en vue d'un service vraiment désintéressé !

Vingt et unième leçon
(14.12-72)

Jésus trahi et renié

Au cours de la dernière leçon, vous avez étudié 14.1-11, et vous avez aperçu la relation avec ce qui suit immédiatement. Vous vous êtes mis ainsi en mesure de comprendre la suite des idées qui existe entre les versets 12-31 et 32-42.

Les événements qui précèdent Gethsémané

1. *Institution de la sainte cène* (jeudi) (14.12-26).

a) Préparation de la pâque (14.12-16).

Jésus y avait apporté tous ses soins.

Le lieu avait été tenu secret pour déjouer les desseins de Judas (14.10-11).

Lisez aussi Jean (13.1-16).

b) En célébrant la pâque, Jésus annonce sa trahison (14.17-21). Son but était d'avertir et de sauver Judas. Lisez aussi Jean 13.21-30.

c) Il institue la sainte cène (14.22-26). Combien imminente était sa mort : « Ceci est mon sang, le sang de l'alliance, qui est répandu pour plusieurs. » N'oubliez pas que l'alliance avec Abraham ne fut jamais plus étroite que le jour où il offrit Isaac (Ge 22.1-19).

2. *Prédiction du reniement de Pierre* (14.27-31).
a) Caractère solennel de l'avertissement.
b) Jésus persiste à mettre Pierre en garde (14 : 32,38).
c) La chute de Pierre a pour cause la négligence des avertissements de Jésus (14.66-72).

Étude attentive

La réponse aux questions suivantes ne vous demandera pas un long effort, mais elle s'impose :
1. Qu'est-ce que Jésus éprouva à Gethsémané ? Inscrivez avec précision ce que vous aurez trouvé. Lisez avec grand soin Luc 22.39-46. Quelle lumière ce passage apporte-t-il sur cet événement de la vie de Jésus ?
2. Quelle est la véritable signification de cet événement ? Quelle relation a-t-il avec le calvaire
3. Lisez attentivement et au moins deux fois le chapitre 53 d'Ésaïe. Ce passage vous fait-il mieux comprendre ce qui se passa à Gethsémané ?
4. Que nous révèle l'attitude des disciples concernant eux-mêmes ? Concernant Jésus ?

L'agonie

L'analyse de la scène de Gethsémané nous fait trembler. Nous savons qu'aucune conception personnelle n'est capable d'en exprimer le sens profond, mais nous ferons tout ce qui est en notre pouvoir. Ces événements inspirèrent à Jésus cette parole : « Éloigne de moi cette coupe ! » et Luc (22.44) ajoute : « Étant *en agonie*, il priait plus instamment... » C'est pour cette raison que ces faits portent le nom d'agonie de Gethsémané. Cette « coupe » devait avoir pour résultat de Le faire entrer « en agonie », mais en quoi cette agonie pouvait-elle consister ?

1. Ce fut l'occasion de vives *souffrances*. Relisez le récit de Mc 14.32-42 et de Lu 22.39-46. Hé 5.7 y fait une allusion frappante : « C'est lui qui, dans les jours de sa chair, ayant présenté *avec de grands cris et avec larmes* des prières et des supplications à celui qui pouvait le sauver de la mort... » Mais cela consistait-il en de pures souffrances *physiques* ?

2. Ce fut l'occasion de souffrances d'ordre *spirituel*. Luc 22.37 nous montre Jésus se rendant au Mont des Oliviers tout pénétré du chapitre 53 d'Ésaïe. Cela nous aidera donc à nous représenter les faits que de chercher, dans Ésaïe 53.3-8, l'annonce même de ces souffrances puis, dans les versets 10 et 12, d'en percevoir le caractère *spirituel* : « Après avoir livré sa *vie* [1] en sacrifice pour le péché... ; « Parce qu'il s'est livré lui-même [2] à la mort... » Ne pouvons-nous pas en conclure que sa souffrance présente était plus qu'une souffrance physique ?

3. Ce fut l'occasion de souffrances spirituelles *pour les péchés* du monde entier. N'avons-nous pas choisi Marc 10.45 comme thème de cet Évangile : « Car le Fils de l'homme est venu, non pour être servi, mais pour servir et donner sa vie *comme la rançon de plusieurs* » ? Or, avant même de partir pour Gethsémané, Jésus avait dit à ses disciples : « Ceci est mon sang, le sang de l'alliance, qui est répandu pour plusieurs » (Mc 14.24). Veuillez relire Ésaïe 53.5,6,8,12.

Le Jardin et la croix

Pourquoi cette allusion à Ésaïe 53, alors qu'il y est fait mention de la mort de Jésus sur le calvaire ? Parce qu'il est évident que le récit des événements nous montre Jésus vidant la coupe de ses souffrances endurées pour les péché du

---

1. Le texte hébreu a le mot *nephesh*, traduit ailleurs par « âme ».
2. « Parce qu'Il a livré « son âme » à la mort... »

monde, aussi bien à Gethsémané que sur la croix. Veillez méditer sur les points suivants :

1. « Éloigne de moi *cette coupe* ! » (Mc 14.36). Jésus se rendait compte que cette même coupe devait se présenter à Lui jusque sur la croix.

2. « Il commença à éprouver de la frayeur et des angoisses... Mon *âme* est triste *jusqu'à la mort* » (14.33,34). N'est-ce pas comme si Jésus éprouvait déjà les souffrances de la croix ?

3. Étant *en agonie*, il priait plus instamment, et sa sueur devint comme des *grumeaux de sang*, qui tombaient à terre » (Lu 22.44). Tout autre fait que celui des souffrances de la croix nous donnerait-il une explication suffisante ?

Mais je ne parviens pas à saisir comment la seule perspective des souffrances de la croix peuvent expliquer l'agonie de Gethsémané dans toute son acuité. Jésus avait envisagé les souffrances de la croix dès le début, mais jamais encore Il n'avait éprouvé ce qu'Il éprouva à Gethsémané.

La prière de Jésus

Le fait d'accepter le caractère unique de l'agonie de Gethsémané nous aidera à comprendre la prière ardente et persévérante de Jésus dans le jardin. Il se mit à prier à trois reprises différentes pour que cette agonie Lui fût, si possible, évitée.

Il était parfaitement naturel qu'Il voulût écarter de Lui cette coupe, et l'on peut voir là le dernier assaut de ces tentations qu'Il avait eu à endurer dès le début. Le fait même de passer par cette agonie Lui faisait encore plus aspirer vers la délivrance, si cela était possible, mais la lutte se termina dans une complète victoire. Il aurait vaincu les derniers efforts de la tentation quand bien même ses souffrances se fussent arrêtées là, et l'on peut dire que, dès lors, Il marcha au devant de la suprême agonie de la croix sans une minute d'hésitation et sans une seule prière pour sa propre délivrance.

Les causes du support de Jésus

Nous allons revenir maintenant à chacune de ces prières en particulier. Pourquoi Jésus eut-Il à supporter une double agonie, ici même et sur la croix ? Comment nous expliquons-nous qu'Il ait pu accepter la croix ? Sa prière à Gethsémané nous en donnera au moins deux raisons :

1. Il n'existait aucun autre moyen de faire l'expiation des péchés. Le récit de Matthieu (26.39) s'exprime ainsi : « Mon Père, *s'il est possible,* que cette coupe s'éloigne de moi ! » Jésus savait qu'Il était venu dans le but précis de délivrer les hommes du péché. Il savait que tout l'Ancien Testament soulignait ce fait comme la raison même de son existence terrestre, et ici, au milieu de son agonie, Il avait conscience que ce dessein glorieux ne serait jamais réalisé sans son sacrifice et sans sa mort. Lors du dernier repas, Il avait dit à ses disciples : « Ceci et mon sang, le sang de l'alliance, qui est répandu pour plusieurs. » et, par cet acte, Il accomplissait la bonne nouvelle du salut telle qu'elle avait été annoncée, à travers les siècles, depuis Adam, en passant par Abraham et Moïse.

2. L'autre raison pour laquelle Jésus consentit à cette agonie dans le jardin et sur la croix, ce fut à cause de la *volonté de son Père* : « Toutefois, non pas ce que je veux, mais *ce que tu veux.* » Relisez Mt 26.39,42 ; Lu 22.42 : « Toutefois, que ma volonté ne se fasse pas, mais *la tienne.* » Tel était le centre même de la prière de Jésus à Gethsémané.

a) La passion de la vie de Jésus avait été d'accomplir la volonté de son Père. Lisez très attentivement Lu 2.49 ; Jn 4.34 ; 5.30 ; 6.38 ; Hé 10.7.

b) Jésus savait que la Croix était l'expression de la volonté de son Père et, quand Il annonça sa mort, ce fut en insistant sur ce fait : « Alors il commença à leur apprendre qu'*il fallait* que le Fils de l'homme souffrît beaucoup... » Lisez Mc 8.31 ; Lu 9.22 ; 13.33 ; 22.37 ; Jn 3.14,15. Or ce qu'il fallait, c'était d'accomplir la volonté du Père.

Comment Jésus supporta

Nous avons examiné le fait de l'agonie de Gethsémané et la raison pour laquelle Jésus l'endura. Il nous reste maintenant à examiner comment Il l'endura, et dans quel esprit.

1. Jésus supporta cette agonie tout à fait *de son plein gré*. Il se rendit dans le jardin quand bien même Il savait l'endroit familier à Judas. Lisez tout spécialement Jean 18.1-4. S'Il l'avait voulu, Jésus aurait pu déjouer le plan de Judas. Puis, à l'intérieur du jardin, Jésus accepta la coupe d'agonie *trois fois* sans faiblir. Jamais Il n'essaya de l'éviter, même après qu'Il en eut supporté toute la souffrance.

2. Jésus supporta cette agonie *avec la force d'en haut*. Son Père n'écarta pas de Lui l'agonie de la croix, mais Il Le fortifia d'une manière merveilleuse en vue de pouvoir la supporter. C'est Luc qui nous donne le récit le plus complet, et, au milieu même des terribles souffrances de Jésus, il nous rapporte ce fait : « Un ange lui apparut du ciel, pour le fortifier. » (22.43). Pour mieux vous rendre compte de cette force que Dieu Lui accordait, lisez avec grand soin le récit de Marc (14.43-50). Comme Jésus était calme, comme ses paroles étaient modérées, dans sa détermination d'accepter son procès et sa mort imminents !

Application

Quelle fut, dans le jardin de Gethsémané, l'attitude de Pierre, Jacques et Jean envers Jésus ? Vous savez que Jésus

de l'Évangile selon saint Marc

leur avait dit : « Asseyez-vous ici, pendant que je prierai. »
puis : « Veillez et priez, afin que vous ne tombiez pas en
tentation... », et pourtant, Il les avait trouvés profondément
endormis. Pourquoi Jésus avait-Il besoin d'eux à ce moment précis ? Faute d'avoir veillé et prié, réfléchissez à ce
que fut leur attitude après que Jésus se fût rendu au grand
prêtre. Il est évident que la manière d'être de Jésus à
Gethsémané aurait dû augmenter leur dévouement à sa Personne. Ne nous inspire-t-elle pas, à nous, le désir de veiller
et de prier *sans cesse*, de manière à remplir, dans une plus
large part, le rôle qui nous échoit vis-à-vis de Gethsémané
et de la Croix ?

Vingt-deuxième leçon
(Chapitre 15)

Jésus crucifié

Insistez, au cours de cette étude, sur les *souffrances* de Jésus et considérez successivement la *nature*, et le *but* de ses souffrances. En faisant cela, il serait utile d'envisager ce qu'Il eut à supporter pendant son procès autant que pendant sa crucifixion.

Étude personnelle

Voici quelques idées capables d'aider votre étude personnelle sur la *nature* des souffrances de Jésus :

1. Souffrances d'ordre *physique*, endurées pendant le procès autant que pendant la crucifixion.

2. Souffrances d'ordre *mental*, déjà pendant le procès également. Pensez à tout ce qui fut *dit* à son sujet, autant qu'à ce qui Lui fut *fait*. Cela dépassait ses souffrances physiques.

3. Souffrances d'ordre *spirituel*. Il s'agit spécialement des faits rapportés dans Marc 15.33,34. Méditez sur ce point avec grand soin. Quelle est sa relation avec ses souffrances physiques et mentales » ? Comment le comparer avec ce qu'Il éprouva à Gethsémané ?

Réfléchissez maintenant au *but* des souffrances de Jésus. Méditez alternativement sur 15.31,32. En quoi les principaux sacrificateurs disaient-ils des choses fausses ? Quelle part de vérité y avait-il dans leurs paroles ? Ésaïe 53 peut-il nous éclairer ?

Souffrances physiques

1. Au cours des différentes phases du procès (Mc 14.65 ; 15.15,19). Ils le frappaient à coups de poing ; ils Le battaient de verges ; ils Lui frappaient la tête ; ils posèrent sur sa tête une couronne d'épines, et, comme le dit le psaume 129 (verset 3) : « Des laboureurs ont labouré mon dos, ils y ont tracé de longs sillons. »

2. Au cours de la crucifixion. Ce fut le couronnement d'une longue suite de tortures. Comme Jésus devait être faible et épuisé ! « Les souffrances résultant de la crucifixion étaient intenses, surtout dans les climats chauds. L'inflammation locale, doublée d'un saignement insuffisant des chairs déchirées produisait la fièvre, aggravée encore du fait d'être exposé à un soleil ardent. Cela, joint à l'extrême tension du corps, était une cause de soif intolérable. Les blessures s'enflaient autour des clous grossiers, la lacération des tendons et des nerfs amenait l'horrible agonie des crucifiés. Les artères de la tête et de l'estomac subissaient une pression sanguine anormale, et il en résultait de cruels élancements. L'esprit devenait confus, sujet aux angoisses et aux terreurs. L'on peut dire que les victimes de la crucifixion mouraient littéralement de morts innombrables. Il n'était pas rare de voir s'ajouter à tout cela des atteintes de tétanos, tandis que des convulsions répétées déchiraient un peu plus les chairs, ajoutant encore au fardeau des douleurs. À la fin, toutes les forces étaient épuisées, la victime tombait dans le coma et la mort survenait [1]. »

---

1. International Standard Bible Encyclopedia.

3. Et pourtant ces souffrances physiques, malgré toute leur horreur, n'étaient qu'une partie bien faible de ce que le Christ eût à endurer. Si ses souffrances s'étaient bornées à cet élément physique, l'on aurait pu dire que Jésus aurait manqué de ce courage fréquent chez les martyrs. Trois fois, dans le jardin de Gethsémané, n'avait-Il pas prié pour que, s'il était possible, cette coupe s'éloignât de Lui, tandis que des martyrs, par centaines, ont été au-devant de souffrances aussi cruelles avec un chant sur les lèvres et la face illuminée d'un sourire !

Souffrances mentales

1. La *honte* qui s'était accumulée sur Lui. Au cours du procès, on avait craché sur Lui, Il avait vu la foule Lui préférer Barabbas, cette même foule qui avait reçu de sa part de si merveilleuses bénédictions ! On L'avait déguisé en roi. On L'avait crucifié entre deux bandits. « Les passants l'injuriaient, et secouaient la tête... » Rendez-vous compte comment de pareils coups affectaient le moral et le cœur de Jésus !

Relisez à plusieurs reprises Psaume 22.6-8 et 12-20, vous y trouverez une description frappante de la honte que Jésus eut à subir.

2. Il se rendait compte que ses propres souffrances entraînaient la souffrance des autres. Il en voyait les traces sur la face de sa mère et des autres femmes. Déjà à Gethsémané Il pressentait les souffrances qu'auraient à subir ses disciples et Il avait dit à ceux qui L'arrêtaient : « Laissez aller ceux-ci » (Jn 18.8). N'était-ce pas particulièrement douloureux pour une personnalité aussi peu égoïste que l'était Jésus !

3. Il avait été regardé et traité comme le chef des pécheurs. On L'avait accusé d'être un blasphémateur, un menteur sans scrupules et un faux prétendant.

4. Il avait été abandonné par ses proches et par ceux qui Lui étaient chers. Rappelez-vous Judas (14.43-45) ; Pierre (14.66-72) et, en réalité, l'attitude de tous ses disciples. Jean était le seul qui fût resté auprès de Lui lors du procès et de la crucifixion.

Et pourtant vous n'avez pas encore touché aux souffrances du Christ les plus caractéristiques. Vous vous rappelez à quel point le 53e chapitre d'Ésaïe constitue, dans toute la Bible, le tableau le plus remarquable de la passion, et vous avez entendu dire au prophète : « Après avoir livré sa vie en sacrifice pour le péché... il s'est livré lui-même à la mort. » Jusqu'ici il n'a été question que des souffrances corporelles et mentales de Jésus, mais sa passion était caractérisée par les souffrances de l'*âme*. C'est bien là ce qui différenciait le plus les souffrances du Christ de celles que d'autres hommes eurent à endurer.

Souffrances spirituelles

Nous prendrons Marc 15.33,34 pour centre de nos réflexions, et, en particulier ce cri proféré par Jésus : « Mon Dieu, mon Dieu, pourquoi m'as-tu abandonné ? » Quelle était la signification de ce cri ? Jamais, dans notre vie, nous ne pourrons en sonder le mystère. Un auteur a écrit : « Dans toute la Bible, il n'est pas de parole plus difficile à expliquer [1]. » Et un autre : « Ces mots ont été proférés pour que l'homme entendît, mais de façon à comprendre qu'il est des profondeurs où son savoir ne lui permettra jamais de pénétrer [2]. » Relisez le verset 33. Il s'agit là de ce que le cri de Jésus voulait exprimer, mais si cela justifie ce cri, cela ne l'explique pas. Il n'en est pas moins vrai qu'il existe, dans

---

1. Stalker.
2. Campbell Morgan.

les profondeurs de ce cri, une vérité qu'il nous est possible, et qu'il est de notre devoir, de dégager.

1. *Le Père Lui avait retiré le sentiment de sa présence.* Naguère Jésus s'était senti abandonné d'une grande partie de la foule ; par des membres de sa famille (Jn 7.5) ; par les gens de son village (Lu 4.28-30) ; par les chefs des prêtres ; par les scribes et les pharisiens ; par la multitude, aux cris de « crucifie-le ! » ; par Judas qui L'avait vendu pour trente pièces d'argent ; par Pierre qui L'avait renié avec serments ; par tous ses disciples qui L'avaient délaissé. « (La Parole) est venue chez les siens, et les siens ne l'ont point reçue (Jn 1.11). » Et chaque fois que quelqu'un se détournait de Lui, c'était comme si un dard Lui perçait le cœur. Mais, au cours de toutes ces épreuves, Il avait toujours eu le sentiment de la présence de son Père. Lisez Jean 16.32. « Mais je ne suis pas seul ; car le Père est avec moi. » Or, sur la croix, Jésus n'éprouvait plus ce sentiment, car son Père Lui-même L'avait abandonné : « Mon Dieu, mon Dieu, pourquoi m'as-tu abandonné ? »

2. *La source de l'amour du Père était tarie en Lui.* Jésus s'était habitué à être haï par le monde, Il avait été méprisé et rejeté des hommes, mais Il avait toujours senti toute la profondeur de l'amour du Père : « Tu es mon Fils bien-aimé, en toi j'ai mis toute mon affection » (Mc 1.11) ; « Tu m'as aimé avant la fondation du monde » (Jn 17.24). Mais maintenant ce sentiment de l'amour de son Père Lui avait été retiré et, au moment même où Jésus tombait entre les mains de ses ennemis, Satan avait déchaîné sur Lui toutes les hordes infernales. Jésus connaissait alors le comble du désespoir et, lorsqu'Il voulut éprouver la présence de son Père et faire appel aux marques de son amour, Il ne put que pousser ce cri : « Mon Dieu, mon Dieu, pourquoi m'as-tu abandonné ? » La présence de son Père et les marques de son amour Lui avaient été retirées !

3. C'était bien là la *mort spirituelle*, l'inévitable issue où conduit le péché. Relisez à plusieurs reprises Mt 25.41 ; Lu 16.26 ; 2 Th 1.9.

Le but des souffrances de Jésus

Ce but apparaît d'une façon évidente dans ces mots vociférés par les principaux sacrificateurs : « Il a sauvé les autres, et il ne peut se sauver lui-même » (Mc 15.29-32). Pour voir si cela est vrai, lisez avec beaucoup de réflexion Jn 18.4-6 ; Mt 26.53 ; Jn 10.17,18. De ces passages vous conclurez que les pensées et les paroles des principaux sacrificateurs étaient fausses, mais, prises dans un sens différent et non moins réel, ces paroles étaient vraies, car Jésus ne pouvait pas à la fois se sauver Lui-même et sauver les autres.

1. Vous vous rappelez le texte central de l'Évangile de Marc : « Car le Fils de l'homme est venu, non pour être servi, mais pour servir et *donner sa vie* comme la rançon de plusieurs » (10.45). Vous vous rappelez aussi le message des anges aux bergers : « Aujourd'hui, dans la ville de David, il vous est né un *Sauveur*, qui est le Christ, le Seigneur » (Lu 2.11). En même temps qu'Il était le Christ, le Seigneur, Il était le Sauveur. Or la seule manière pour Lui d'accomplir cette mission était de mourir sur la croix. Avoir voulu se sauver Lui-même aurait abouti à Le rendre incapable de sauver les autres. Lisez Luc 23.39-41.

2. Pendant son agonie de Gethsémané nous l'avons entendu s'écrier : « Père, toutes choses te sont possibles, éloigne de moi cette coupe ! » Croyez-vous que, s'il avait existé une autre manière de sauver le monde, son Père L'aurait laissé souffrir comme Il le fit ?

3. Il était *impossible* qu'il en fût ainsi parce que l'homme ne pouvait être sauvé avant que le problème du péché n'ait

été résolu. « Le salaire du péché, c'est la mort... » (Ro 6.23), la mort de l'*âme*, car : « L'*âme* qui pèche, c'est celle qui mourra » (Éz 18.20).

Application

L'essence même de ce que nous enseigne cette leçon est exprimée de la manière la plus frappante dans Ésaïe 53. Ce chapitre vous est déjà familier, mais relisez-le de la même manière que vous avez étudié, comme à nouveau, le récit de la crucifixion. Relisez-le avec encore plus de sérieux et de prière que naguère, pour qu'il se dégage pour vous, de la croix, une impression plus profonde encore.

Vingt-troisième leçon

(Chapitre 16)

Jésus ressuscite d'entre les morts

Importance de la résurrection

Nous voici parvenus au point culminant du sacrifice de Jésus, et de tout son ministère. La résurrection est la pierre angulaire, la clé de voûte, de notre foi. Aussi bien les ennemis que les amis en admettent l'évidence.

1. L'un des principaux adversaires du christianisme s'exprime ainsi (d'après une citation) : « Si la résurrection de Jésus a réellement eu lieu, alors il faut admettre dans le christianisme ce qu'il prétend être, à savoir une révélation unique, divine. »

2. L'apôtre Paul écrit : « Si Christ n'est pas ressuscité, notre prédication est donc vaine et votre foi aussi est vaine... vous êtes encore dans vos péchés... » (1 Co 15.14,17).

Avec la résurrection le christianisme subsiste, sans elle il s'écroule. Si la résurrection est un fait, le christianisme est une glorieuse réalité, mais si le Christ n'est pas ressuscité, le christianisme est une imposture.

Étude personnelle

Quelles preuves le chapitre 16 de saint Marc nous donne-t-il de la résurrection corporelle de Jésus ? Mettez tous vos

159

soins à cette étude. Inscrivez tous les témoignages rendus au fait de la résurrection, à mesure que vous les découvrirez. Ceci fait, rappelez-vous les témoignages qui vous sont familiers dans les autres Évangiles et, sans faire de ceux-là une étude approfondie, notez les témoignages qui concordent avec ceux de Marc 16.
Lisez aussi 1 Co 15.1-19.

Témoignage du Christ lui-même

Résumons maintenant les témoignages que nous avons trouvés de la *réalité de la résurrection corporelle de Jésus*. Jésus avait prédit sa résurrection. Lisez Marc 8.31 : « Et qu'il ressuscitât trois jours après. » ; 9.9 : « Jusqu'à ce que le Fils de l'homme fût ressuscité des morts. » ; 9.31 : « Trois jours après qu'il aura été mis à mort, il ressuscitera. » ; 10.33,34 : « Trois jours après, il ressuscitera. » ; Mt 27.62,63 : « Seigneur, nous nous souvenons que cet imposteur a dit, quand il vivait encore : « Après trois jours, je ressusciterai. »

Chaque fois que Jésus avait prédit sa mort, Il avait prédit aussi sa résurrection, montrant ainsi que sa résurrection faisait partie du plan divin au même titre que sa mort. Si donc sa résurrection n'est pas un fait réel, alors le Christ nous a trompés et, si nous ne pouvons Le croire sur ce point, nous ne pouvons Le croire sur aucun. Pourtant il n'est pas de critique qui n'admette en Jésus un homme honnête, sincère et digne de foi.

Témoignage du tombeau vide

« Il n'est point ici ; voici le lieu où on l'avait mis. » Du fait du tombeau vide, il n'existe que deux explications possibles :
1. Son corps avait été enlevé.
2. Il était ressuscité des morts.

Était-il possible que son corps ait été enlevé ? Examinez ces réponses :

a) On était au temps de la pâque, coïncidant avec la pleine lune qui rendait la nuit aussi lumineuse que le jour et les yeux de milliers d'individus étaient fixés sur la tombe.

b) La garde romaine veillait pendant toute la nuit.

c) Si les ennemis de Jésus avaient pu enlever son corps, ils n'auraient pas manqué de le montrer.

d) Ne négligez pas le fait que les vêtements mortuaires de Jésus furent laissés dans le plus grand ordre (Jn 20.6,7). Si donc quelqu'un s'était emparé du corps de Jésus, il aurait emporté ces linges avec Lui.

Témoignage d'un ange

Comparez le verset 8 avec les versets 1 à 4. Quel contraste ! Quelle transformation ! Ce qui est dit au verset 8 aurait-il pu être vrai si le contenu des versets 5 à 7 avait été un mensonge ? « Il est ressuscité... » Remarquez ensuite le verset 7 : « Mais allez dire à ses disciples et à *Pierre...* » Comparez 14.66-72. Et pourtant il y avait un message spécial pour Pierre. Rappelez-vous l'aide que Pierre devait apporter à Marc dans la rédaction de son Évangile et notez combien ce fait devait être précieux au cœur de l'apôtre !

Apparitions du Christ

1. À Marie-Madeleine (versets 9-11). Pour plus de détails, lisez Jean 20.11-18. Quelle transformation !

2. À deux disciples sur le chemin d'Emmaüs (versets 12 et 13). Lisez le beau récit de Luc (24.13-35), et comment leur incrédulité fut changée en une foi triomphante.

3. Aux onze apôtres (versets 14 à 18). Vous éprouverez certainement le désir de lire les récits plus détaillés de Luc 24.36-49 et de Jean 20.19-29.

Quelles preuves plus complètes de la résurrection pourriez-vous obtenir ?

Témoignage des disciples

Pour nous rendre compte de la foi puissante en la résurrection de Jésus qui aimait les disciples, il nous faut lire les Actes. Là nous les voyons, partout où ils allaient, certifier sans cesse que Jésus était ressuscité des morts (Ac 2.32 ; 3.15 ; 4.10,33 ; 5.30-32). Leur témoignage était irrésistible.

Et pourtant nous voyons les ennemis du Christ affirmer que les disciples étaient dupes, victimes d'une hallucination. Ces mêmes gens prétendent que les disciples croyaient tellement en la résurrection et manifestaient un tel zèle pour cette foi qu'ils étaient sûrs, *en pensée*, de L'avoir vu. C'était là une illusion de leur esprit et ils prenaient leurs désirs pour des réalités.

Or les faits inscrivent en faux une pareille théorie. Les disciples n'étaient ni superstitieux, ni crédules. Ils ne vivaient nullement dans l'attente de la résurrection du Christ, et en voici du reste l'évidence :

1. Les femmes étaient venues au tombeau dans le but d'embaumer le corps de Jésus (Mc 16.1-3).

2. Quand Marie-Madeleine vint dire aux disciples « qui s'affligeaient et pleuraient » que Jésus lui était apparu vivant, « ils ne crurent point » (versets 9-11).

3. Le verset 12 nous rapporte que Jésus apparut à deux disciples sue le chemin d'Emmaüs, mais quand Il fut près d'eux, ils dirent : « Nous espérions que ce serait lui qui délivrerait Israël... » (Lu 24.21) et Jésus répondit : « Ô hommes sans intelligence et dont le cœur est lent à croire !... » (Lu 24.25).

4. Quand ces deux disciples reconnurent Jésus et se mirent à croire, ils retournèrent en hâte à Jérusalem pour en informer les autres disciples « qui ne les crurent pas non plus » (Mc 16.13).

5. Lorsque Jésus apparut aux onze, « il leur reprocha leur incrédulité et la dureté de leur cœur, parce qu'ils n'avaient pas cru ceux qui l'avaient vu ressuscité » (Mc 16.14).

6. Lisez enfin Jn 20.24,25.

En présence de ces faits, comment peut-on nier la résurrection intégrale du corps de Jésus, lorsqu'on entend le témoignage accablant pour les adversaires, tel que les disciples l'ont rendu ? Leur foi était triomphante et irrésistible.

L'ordre de Jésus

Marc 16.15-20 nous montre les conséquences immédiates de la résurrection de Jésus : « Allez par tout le monde, et prêchez la bonne nouvelle à toute la création. » Tel est l'ordre solennel et puissant qui devait régir toute leur activité future. Méditez sur ces deux simples faits :

1. Comparez avec Mc 1.14,15. C'était là l'introduction au ministère de Jésus : « Prêchant l'*Évangile de Dieu*... Repentez-vous, et croyez à la *bonne nouvelle*. Il revenait à ses disciples de continuer à porter le glorieux message de Jésus et, depuis que son sacrifice et sa résurrection étaient des faits accomplis, s'ils devaient être capables de poursuivre son œuvre bénie.

2. « Allez *par tout le monde*, et prêchez la bonne nouvelle *à toute la création* ». L'œuvre de Jésus avait été en réalité confinée à la Palestine mais, depuis sa crucifixion et sa glorieuse résurrection, l'Évangile devait être annoncé « à toute la création ». Cela était possible en raison de ce fait que la toute-puissance de Jésus avait en vue tous ceux qui croiraient d'un cœur sincère. La résurrection se trouve donc être le point culminant de la puissance de Jésus.

L'obéissance

Aux versets 19 et 20 nous trouvons mention de la manière dont l'ordre de Jésus devait être obéi :

1. L'ascension (verset 19) les laissait entièrement préparés à obéir, étant donné qu'une fois assis « à la droite de Dieu » Jésus devait accorder à ses disciples la plénitude de son Saint-Esprit. Lisez Actes 1.4-5,8 ; 2.1-6,33.

2. « Et ils s'en allèrent prêcher partout. *Le Seigneur travaillait avec eux...* » Leur obéissance était rendue possible par la présence de Jésus. Sa puissance se manifestait lors de la prédication de l'Évangile et tandis qu'ils accomplissaient leur œuvre glorieuse.

Application

Vous croyez de toutes vos forces à la résurrection de Jésus, mais qu'a produit votre foi ? Est-ce pour vous une foi glorieuse ? Accomplissez-vous en réalité l'ordre du Christ, rendant témoignage à son Évangile dans votre famille, dans la localité où vous demeurez, en aidant les œuvres d'évangélisation et de mission ? Il faut que la glorieuse résurrection de Jésus aboutisse à transformer votre vie.

Vingt-quatrième leçon

Récapitulation
Jésus, notre Seigneur, notre Sauveur

Quel est le message contenu dans l'Évangile de Marc qui soit particulier à cet Évangile ? Il commence ainsi : « Commencement de l'Évangile de Jésus-Christ, Fils de Dieu. » Et par quels mots fait-il commencer le ministère public de Jésus ? Jésus alla dans la Galilée, prêchant l'*Évangile* de Dieu. Il disait : « Repentez-vous, et croyez à la *bonne nouvelle* » (1.14,15). Et le livre se termine par l'ordre solennel donné aux disciples : « Allez par tout le monde, et prêchez la *bonne nouvelle* à toute la création » (16.15).

La *bonne nouvelle*, c'est donc l'âme du livre tout entier. Qu'était-ce alors, d'après Marc, que la *bonne nouvelle* ? Elle se trouve définie par cette affirmation frappante de Jésus touchant sa Personne et sa mission : « Car le Fils de l'homme est venu, non pour être servi, mais pour servir et donner sa vie *comme la rançon de plusieurs* » (10.45). Les disciples pouvaient aller et prêcher l'Évangile à toute la création en raison de ce fait que Jésus venait de donner sa vie comme la rançon de plusieurs.

Bref résumé

Comment Jésus a-t-Il accompli cette mission ? Veuillez vous reporter une fois encore à l'analyse de l'Évangile telle

165

que nous l'avons donnée page 171 . Nous retrouverons là le développement de notre texte central (10.45).

I. « Car le Fils de l'homme est venu... » *Préparation du puissant Serviteur* (1.1-13).

II. « Non pour être servi, mais pour servir... » *Ministère du puissant Serviteur* (1.14 à 8.30).

III. « ...et donner sa vie comme la rançon de plusieurs ». *Sacrifice du puissant Serviteur* (8.31 à 16.20).

Préparation

Comparez à la lumière de Colossiens 1.16 ce que fut le ministère de Jésus :

1. Avant les débuts de son ministère actif, le Saint-Esprit dans toute sa plénitude descendit sur Lui (Marc 1.10 ; Mt 3.16 ; Lu 3.22). Celui en qui « ont été créées toutes les choses qui sont dans les cieux et sur la terre... », pendant la durée de son ministère terrestre, *dépendait du Saint-Esprit* (Lu 4.1,14,18 ; Jn 3.34 ; És 11.2 ; Mt 12.28 ; Ro 8.11).

2. Les débuts de son ministère terrestre coïncident en Lui avec un renouveau de l'*esprit de prière*. Quand l'Esprit descendit sur Lui dans sa plénitude, Il *priait* (Lu 3.21). Étant devenu homme, le Créateur des cieux et de la terre éprouvait le besoin de prier.

Toute-puissance

Exemples de la *toute-puissance* de Jésus : sur la volonté et le cœur des hommes (1.16-20), sur Satan (1.21-28), sur la maladie (1.29-34), même sur la lèpre (1.40-45). La source de cette puissance : la *prière* (1.35-39). Autres exemples de la toute-puissance de Jésus : sur les forces de la nature (1.35-41 ; 6.45-52), sur les corps (2.1-12 ; 5.25-34), sur les esprits (1.16-20), sur les âmes (2.1-12,15-17), sur la mort (5.21-43), sur les lois de la nature (6.31-44), sur Satan et ses armées (5.1-20 ; 7.24-30).

Opposition des pharisiens

Cinq exemples (2.1-12 ; 2.15-17 ; 2.18-22 ; 2.23-28 ; 3.1-6). Si vous ne pouvez revoir chaque exemple en particulier, concentrez votre attention sur le cinquième. Rappelez-vous que les pharisiens étaient les dirigeants de la communauté juive. Leur religion était extérieure, formaliste, légaliste, se complaisait dans les minuties, exaltait les traditions humaines. À la base : l'orgueil. Lisez la description de leurs coutumes dans Matthieu 23.23-33.

Séparation

L'opposition des pharisiens amène nécessairement les disciples de Jésus à vivre séparés du reste de la communauté :
1. 3.7-12. Jésus et ses disciples s'éloignent des pharisiens.
2. 3.13-19. Jésus appelle les douze.
3. 3.20-30. Nécessité de se séparer. L'opposition des pharisiens accroît la popularité de Jésus et cette popularité intensifie leur haine.
4. 3.31-35. Nécessité de se séparer même des proches. Insister sur ce point.

Paraboles

Au moyen de paraboles et de miracles, Jésus instruit ceux qui se sont séparés du monde. Lisez attentivement 4.10,11. Les paraboles révèlent clairement la vérité aux croyants et la voilent aux yeux des incroyants.

1. 4.1-20. Les effets de la prédication et de l'enseignement varient suivant l'état du cœur de ceux qui écoutent.
2. 4.26-29. La vérité se développe lentement mais sûrement.
3. 4.30-32. Bien que modeste à ses débuts, le royaume atteindra des proportions immenses.

Miracles

1. 5.1-20. But de ce miracle : « Détruire les œuvres du diable.» (1 Jn 3.8). Trois points à examiner :
a) puissance de Satan sur la vie de l'homme ; *b)* état de l'homme placé sous la domination de Satan ; *c) puissance de Jésus s'exerçant sur Satan.*
2. 5.21-43. La puissance de Jésus s'exerçant en réponse à la foi: *a)* foi en dehors de tout espoir ; *b)* grande foi ; *c)* plus grande foi. Opportunité d'un tel message pour notre temps.

Champ d'action agrandi

6.31-44. Insistez sur le fait de Jésus rendant responsables ses disciples de la nourriture des cinq mille.

Annonce du sacrifice

Allusions de Jésus à sa mort prochaine : 8.31 ; 9.9-13,31 ; 10.33,34. Mention du voyage à Jérusalem : 9.30 ; 10.1,17,32,45 ; 11.1. Pendant cette période, l'enseignement de Jésus vise avant tout ses disciples :
1. 8.31 à 9.13, disciples exclusivement ;
2. 9.14-29, disciples en premier lieu ;
3. 9.30-49, disciples exclusivement ;
4. 10.1-16, pharisiens d'abord, disciples ensuite ;
5. 10.17-31, jeune homme riche, puis disciples ;
6. 10.32-45, disciples exclusivement.

L'annonce de la mort produit, chez les disciples, une réaction terrible et Jésus est obligé de fortifier leur foi. La transfiguration est accompagnée d'un double témoignage, celui d'hommes de l'ancienne alliance, et celui du Père. Ajouter le témoignage de la guérison du jeune démoniaque (9.14-29).

L'annonce de la mort est accompagnée de celle de la résurrection, garantie donnée à l'extension du royaume. Jésus prépare la collaboration de ses disciples dans l'établissement du royaume en leur enseignant l'*humilité* (9.30 à 10.53) :

1. 9.33-37. Humilité, secret de la vraie grandeur ;

2. 9.38-50. Humilité du service, humilité des serviteurs ; valeur de ces derniers aux yeux du Christ.

3. 10.13-16. L'humilité nécessaire pour entrer dans le royaume.

4. 10.17-31. L'orgueil des richesses, obstacle infranchissable sur la voie du vrai trésor et sur celle du royaume.

5. 10.35-45. L'humble service, grandeur par excellence.

6. 10.46-53. Jésus rend service à un humble mendiant.

Préparation du sacrifice

1. 11.1-19. L'enthousiasme de la foule réveille l'opposition des pharisiens.

2. 11.27 à 12.44. Par des questions insidieuses, les pharisiens cherchent à mettre Jésus dans son tort.

3. Chapitre 13. Conséquences lointaines du conflit : destruction de Jérusalem et rejet de la nation juive.

4. 14.1-11. Judas, instrument des adversaires.

Sujet principal : le *conflit* avec les pharisiens. Phase antérieure : 2.1 à 3.6,22 ; 7.1,8 ; 10.2. Différences avec la phase actuelle 11.18 ; 12.12 ; 14.1,2. Jésus condamne les pharisiens : 12.1-11,38-40 ; Mt 21.41-43.

Étude personnelle

Accomplissement du sacrifice

1. *14.32-42. Gethsémané.* L'agonie spirituelle commence ici pour se poursuivre sur la croix. L'accepter était le seul moyen possible d'expier les péchés et elle était voulue par le Père. Jésus, obéissant de son plein gré, est fortifié par la force d'en-haut.

2. 14.43 à 15.15. *Arrestation et procès.* Le conflit atteint son apogée. Judas collabore à l'arrestation. Jésus, bien qu'absolument innocent, est condamné illégalement par le sanhédrin à l'ouïe de faux témoignages. La multitude est pressée de demander à Pilate de relâcher Barabbas et de faire crucifier le Christ. Relire Mt 23.25-36.

3. *15.16-47. Crucifixion.* Souffrances physiques, mentales, spirituelles. Quel était leur but ?

Justification du sacrifice

Avec la *résurrection*, le christianisme triomphe, sans elle, il s'écroule. Preuves irrésistibles de la résurrection corporelle :

1. Témoignage du Christ Lui-même (8.31 ; 9.9 ; 9.31 ; 10.33,34).
2. Témoignage du tombeau vide (16.6).
3. Témoignage d'un ange (16.1-8).
4. Témoignage des apparitions (16.9-18).
5. Témoignage des disciples (Ac 2.32 ; 3.15 ; 4.10,33 ; 5.30-32). Pourtant ils n'attendaient pas la résurrection (Mc 16.1-3,9-12).

Application

La foi en la réalité de la résurrection de Jésus a renouvelé l'enthousiasme que vous inspirait le tout-puissant Serviteur : son ministère et son sacrifice exercent sur vous une

de l'Évangile selon saint Marc

emprise plus forte. Remercions Dieu de ce récit si vivant, si frappant, si irrésistible, de la vie de Jésus de Nazareth !

Analyse

I. **Préparation du puissant Serviteur** (1.1-13).

II. **Ministère du puissant Serviteur** (1.14 à 8.30).

A. Débuts du ministère (1.14-45).
B. Opposition des pharisiens (2.1 à 3.6).
C. Mise à part (3.7-35).
D. Instruction (4.1 à 6.6).
E. Évangélisation (6.7 à 7.23).
F. Retraite (7.24 à 8.30).

III. **Sacrifice du puissant Serviteur** (8.31 à 16.20).

A. Annonce du sacrifice (8.31 à 10.53).
B. Préparation du sacrifice (11.1 à 14.11).
C. Accomplissement du sacrifice (14.12 à 15.47).
D. Justification du sacrifice (chap. 16).

Table des matières

Étude personnelle

« **Publications Chrétiennes inc.** » est une maison d'édition québécoise fondée en 1958. Sa mission est d'éditer ou de diffuser la Bible ainsi que des livres et brochures qui en exposent l'enseignement, qui en démontrent l'actualité et la pertinence, et qui encouragent la croissance spirituelle en Jésus-Christ.

PUBLICATIONS
CHRÉTIENNES

Pour notre catalogue complet :
www.publicationschretiennes.com

Publications Chrétiennes inc.
230, rue Lupien, Trois-Rivières, Québec, CANADA – G8T 6W4
Tél. (sans frais) : 1-866-378-4023, Téléc. : 819-378-4061
commandes@pubchret.org

www.ingramcontent.com/pod-product-compliance
Lightning Source LLC
LaVergne TN
LVHW051635080426
835511LV00016B/2347

* 9 7 8 2 8 9 0 8 2 0 0 7 4 *